I ♥ SPICE

I ♥ SPICE

Parragon

Bath · New York · Singapore · Hong Kong · Cologne · Delhi · Melbourne

LOVE FOOD is an imprint of Parragon Books Ltd

Layout: Pink Creative

Realisation der deutschen Ausgabe: trans texas publishing, Köln
Übersetzung: Melanie Schirdewahn, Köln

ISBN 978-1-4075-7706-7

Printed in Poland

HINWEISE
Sofern die Schale von Zitrusfrüchten benötigt wird, verwenden Sie unbedingt unbehandelte Früchte. Sind Zutatenmengen in Löffeln angegeben, ist immer ein gestrichener Löffel gemeint: Ein Teelöffel entspricht 5 ml, ein Esslöffel 15 ml. Mit Milch ist immer Vollmilch gemeint. Es sollte immer frisch gemahlener schwarzer Pfeffer verwendet werden. Einige Rezepte enthalten Nüsse. Allergiker sollten bei Rezepten, in denen Nüsse verarbeitet werden, die Nüsse weglassen.
Bei Eiern und einzelnen Gemüsesorten, z. B. Kartoffeln, verwenden Sie mittelgroße Exemplare. Kleinkinder, ältere Menschen, Schwangere, Rekonvaleszenten und gesundheitlich beeinträchtigte Personen sollten Rezepte mit rohen oder nur leicht gegarten Eiern meiden.
Die angegebenen Gar- und Zubereitungszeiten können von den tatsächlichen leicht abweichen, da je nach Zubereitungsart und Herdtyp Schwankungen auftreten können.

INHALT

EINLEITUNG

Falls Sie zu den Menschen gehören, die ungewürztes, fades Essen verabscheuen und gerne mit neuen Kräutern und Gewürzen experimentieren, dann ist dies das perfekte Kochbuch für Sie.

Diese wunderbare Sammlung enthält über 100 würzige Rezepte in allen Schärfegraden. Sie werden für jeden Anlass und Geschmack das passende Gericht finden, ob Sie es nun etwas feiner gewürzt mögen oder eher starke Aromen bevorzugen. In diesem Buch finden Sie Gerichte aus der ganzen Welt – von feurigen mexikanischen Gerichten über spanische Tapas bis hin zu asiatischen Wok-Gerichten oder marokkanischen Tagines. Wann immer Sie Appetit auf etwas Würziges oder Scharfes bekommen, werden Sie in diesem Buch das passende Rezept finden, um ihn zu stillen.

FEURIG

Snacks & leichte Gerichte

MEXIKANISCHE NACHOS

Für 6 Personen

180 g Tortillachips

400 g Bohnen aus der Dose, aufgewärmt

2 EL fein gehackte Jalapeño-Chillies aus dem Glas

200 g eingelegte Paprika aus dem Glas, abgetropft und in dünne Streifen geschnitten

Salz und Pfeffer

120 g frisch geriebener Gruyère

120 g frisch geriebener Gouda

Den Backofen auf 200 °C vorheizen.

Eine große flache Auflaufform mit den Tortillachips auslegen.

Die Chips mit den Bohnen bedecken, Chillies und Paprikastreifen darüberstreuen und mit Salz und Pfeffer würzen. Die beiden Käsesorten in einer Schüssel vermengen und ebenfalls über die Chips streuen.

Die Chips 5–8 Minuten im Ofen backen, bis der Käse geschmolzen ist und Blasen wirft. Sofort servieren.

FALAFELN

Für 4 Personen

250 g getrocknete Kichererbsen

1 große Zwiebel, fein gehackt

1 Knoblauchzehe, zerdrückt

2 EL frisch gehackte Petersilie, plus einige Zweige zum Garnieren

2 TL gemahlener Kreuzkümmel

2 TL gemahlener Koriander

½ TL Backpulver

Cayennepfeffer

Salz

Öl, zum Frittieren

Zum Servieren

fertiger Hummus

Tomatenspalten

Pita-Brot

Die Kichererbsen über Nacht in so viel kaltem Wasser einweichen, dass sie auch nach dem Aufquellen noch bedeckt sind. Abgießen und die Kichererbsen in einen Topf geben. Mit Wasser bedecken und aufkochen. Die Hitze reduzieren und die Kichererbsen 1 Stunde köcheln lassen, bis sie gar sind.

Das Kochwasser abgießen und die Kichererbsen in der Küchenmaschine zu einer groben Paste pürieren. Zwiebel, Knoblauch, Petersilie, Kreuzkümmel, Koriander, Backpulver, Cayennepfeffer und Salz zufügen und nochmals in der Küchenmaschine verarbeiten.

Die Mischung in eine Schüssel füllen, mit Frischhaltefolie abdecken und 30 Minuten ruhen lassen. Dann zu 8 Bällchen formen, auf einen Teller legen und weitere 30 Minuten ruhen lassen. Das Öl in einem Wok oder einer großen Pfanne auf 180–190 °C erhitzen (ein Brotwürfel bräunt darin in 30 Sekunden). Die Bällchen vorsichtig hineingeben und goldbraun frittieren. Mit einem Schaumlöffel aus der Pfanne heben und auf Küchenpapier abtropfen lassen.

Die Falafeln mit Petersilienzweigen garnieren und heiß oder warm mit Hummus, Tomatenspalten und Pita-Brot servieren.

KÄSE-BOHNEN-QUESADILLAS

Für die Tomaten-Salsa alle Zutaten in eine Schüssel geben und gut verrühren. Mit Frischhaltefolie abdecken und in den Kühlschrank stellen.

Die Bohnen in einen kleinen Topf geben und erwärmen.

In der Zwischenzeit eine beschichtete Pfanne leicht mit etwas Öl einfetten und die Tortillas darin erwärmen, damit sie formbarer werden.

Die Tortillas aus der Pfanne nehmen und schnell mit dem warmen Bohnenmus bestreichen. Mit Käse, Zwiebel und Koriander bestreuen und je einen Löffel Tomaten-Salsa darübergeben. Dann die Tortillas fest aufrollen.

Direkt vor dem Servieren die beschichtete Pfanne bei mittlerer Hitze wieder erwärmen und mit ein paar Tropfen Wasser besprenkeln. Die Tortilla-Rollen hineingeben, die Pfanne bedecken und die Rollen erwärmen, bis der Käse schmilzt und die Tortillas ganz leicht bräunen.

Die Quesadillas aus der Pfanne heben und jede Rolle diagonal in etwa 4 Scheiben schneiden. Mit Korianderblättern garnieren und heiß oder kalt servieren.

Für 4–6 Personen

400 g Bohnen aus der Dose

Öl, zum Einfetten

8 Weizen-Tortillas

200 g Gouda, gerieben

1 Zwiebel, gehackt

½ Bund frisch gehackter Koriander, plus einige Blätter zum Garnieren

Tomaten-Salsa

6–8 vollreife Tomaten, fein gehackt

100 ml Tomatensaft

3–4 Knoblauchzehen, fein gehackt

½ Bund frischer Koriander, grob gehackt

1 Prise Zucker

3–4 frische grüne Chillies, entkernt und fein gehackt

½–1 TL gemahlener Kreuzkümmel

3–4 Frühlingszwiebeln, fein gehackt

Salz

GUACAMOLE

Für 4 Personen

2 große, reife Avocados

Saft von 1 Limette, oder nach Belieben

2 TL natives Olivenöl extra

½ Zwiebel, fein gehackt

1 frische grüne Chili, z. B. Poblano, entkernt und fein gehackt

1 Knoblauchzehe, zerdrückt

¼ TL gemahlener Kreuzkümmel

1 EL frisch gehackter Koriander, plus einige Zweige mehr zum Garnieren

Salz und Pfeffer

Die Avocados längs bis zum Kern durchschneiden und beide Hälften gegeneinanderdrehen, um sie zu trennen. Den Kern mit der Spitze eines scharfen Messers herauslösen.

Die Avocados schälen, dann das Fruchtfleisch grob hacken und in eine Schüssel geben. Mit Limettensaft und dem Öl beträufeln.

Die Avocados mit einer Gabel zerdrücken (je nach Belieben grob oder fein). Mit Zwiebel, Chili, Knoblauch, Kreuzkümmel und gehacktem Koriander verrühren und mit Salz und Pfeffer würzen.

In eine Servierschale füllen, mit Korianderzweigen garnieren und sofort servieren, da sich Avocados schnell braun verfärben.

ZWIEBEL-BHAJIS

Ergibt 12 Stück

150 g Kichererbsenmehl (Besanmehl)
1 TL Salz
1 TL gemahlener Kreuzkümmel
1 TL gemahlene Kurkuma
1 TL Natron
½ TL Chilipulver
2 TL Zitronensaft
2 EL Pflanzen- oder Erdnussöl, plus genügend Öl zum Frittieren
2–8 EL Wasser
2 Zwiebeln, in feine Ringe geschnitten
2 TL Koriandersamen, grob zerstoßen

Kichererbsenmehl, Salz, Kreuzkümmel, Kurkuma, Natron und Chilipulver in eine große Schüssel sieben. Zitronensaft und Öl zugeben, dann nach und nach gerade so viel Wasser unterrühren, dass ein Teig von der Konsistenz flüssiger Sahne entsteht. Zwiebeln und Koriandersamen unterziehen.

Das Öl zum Frittieren in einem Wok, einer Fritteuse oder einem großen Topf auf 180 °C erhitzen (ein Brotwürfel bräunt darin in 30 Sekunden). Die Zwiebelmischung löffelweise ins Öl geben, 2 Minuten frittieren, dann mit einer Küchenzange wenden und weitere 2 Minuten goldbraun frittieren.

Die Bhajis sofort aus dem Öl nehmen und auf Küchenpapier gut abtropfen lassen. Fertige Bhajis warm stellen, während die übrige Teigmischung frittiert wird. Heiß servieren.

KÄSEBÄLLCHEN MIT SALSA

Für 8 Personen

50 ml natives Olivenöl extra

150 ml Wasser

70 g Mehl, gesiebt

2 Eier, verquirlt

50 g Manchego, Gouda oder Gruyère, fein gerieben

½ TL Paprikapulver

Salz und Pfeffer

Sonnenblumenöl, zum Frittieren

Salsa

2 EL Olivenöl

1 kleine Zwiebel, fein gehackt

1 Knoblauchzehe, zerdrückt

1 Spritzer trockener Weißwein

400 g gehackte Tomaten aus der Dose

1 EL Tomatenmark

¼–½ TL Chiliflocken

1 Spritzer Tabasco

1 Prise Zucker

Salz und Pfeffer

Für die Salsa das Olivenöl in einem Topf erhitzen und die Zwiebel darin glasig dünsten, jedoch nicht anbräunen. Den Knoblauch zugeben und weitere 30 Sekunden dünsten. Mit etwas Wein ablöschen, aufkochen lassen und die restlichen Zutaten für die Salsa einrühren. Mit Salz und Pfeffer würzen und 10–15 Minuten köcheln lassen, bis eine dickflüssige Sauce entsteht. In eine Servierschale füllen und bis zum Servieren beiseitestellen.

In der Zwischenzeit für die Käsebällchen Olivenöl und Wasser in einen Topf geben und langsam zum Kochen bringen. Dann vom Herd nehmen und rasch das gesamte Mehl einrühren. Die Mischung so lange rühren, bis eine glatte Mehlschwitze entsteht, die sich von den Topfseiten löst.

1–2 Minuten abkühlen lassen, dann nach und nach die Eier zufügen und jedes Mal kräftig schlagen, damit eine steife Masse entsteht. Käse, Paprikapulver, Salz und Pfeffer zufügen und gut verrühren. Die Mischung bis zum Frittieren im Kühlschrank aufbewahren.

Das Sonnenblumenöl in einer Fritteuse auf 180–190 °C erhitzen (ein Brotwürfel bräunt darin in 30 Sekunden). Den Teig in mehreren Portionen teelöffelweise in das heiße Öl geben und 2–3 Minuten frittieren, bis die Bällchen goldbraun und knusprig sind; dabei einmal wenden. Die Käsebällchen sind gar, wenn sie schön aufgehen und an die Oberfläche steigen. Aus dem Öl nehmen und auf Küchenpapier abtropfen lassen. Heiß mit der Salsa servieren.

PATATAS BRAVAS

Für 6 Personen

2 EL natives Olivenöl extra, plus etwas mehr zum Braten

1 Zwiebel, fein gehackt

2 Knoblauchzehen, zerdrückt

50 ml Weißwein oder trockener spanischer Sherry

400 g gehackte Tomaten aus der Dose

2 TL Weiß- oder Rotweinessig

1–2 TL Chiliflocken

2 TL süßes oder scharfes geräuchertes Paprikapulver

1 kg Kartoffeln

Salz

2 Esslöffel des Öls in einem Topf erhitzen und die Zwiebel darin bei mittlerer Hitze unter gelegentlichem Rühren weich dünsten, jedoch nicht anbräunen. Den Knoblauch zufügen und 30 Sekunden unter Rühren mitdünsten. Mit dem Wein ablöschen und zum Kochen bringen. Tomaten, Essig, Chiliflocken und Paprika einrühren, die Hitze reduzieren und 10–15 Minuten köcheln, bis eine dickflüssige Sauce entsteht.

Die Sauce mit einem Pürierstab oder in der Küchenmaschine fein pürieren, zurück in den Topf geben und beiseitestellen.

Die Kartoffeln waschen und ungeschält in Stücke schneiden. Eine Pfanne etwa 2,5 cm hoch mit Öl füllen und dieses bei mittlerer Hitze erwärmen. Die Kartoffelstücke darin unter gelegentlichem Rühren 10–15 Minuten goldbraun frittieren. Mit einem Schaumlöffel aus dem Öl heben, auf Küchenpapier abtropfen lassen und salzen.

In der Zwischenzeit die Sauce erwärmen. Die Kartoffeln in eine angewärmte Servierschale geben und mit der Sauce beträufeln. Heiß servieren.

GEMÜSE-SAMOSAS

Ergibt 8 Stück

- 1 Karotte, in Würfel geschnitten
- 200 g Süßkartoffeln, in Würfel geschnitten
- 80 g Erbsen, TK-Ware
- 2 EL Ghee oder Pflanzenöl
- 1 Zwiebel, gehackt
- 1 Knoblauchzehe, zerdrückt
- 2,5-cm-Stück Ingwerwurzel, gerieben
- 1 TL gemahlene Kurkuma
- 1 TL gemahlener Kreuzkümmel
- ½ TL Chilipulver
- ½ TL Garam masala
- 1 TL Limettensaft
- Salz und Pfeffer
- Pflanzenöl, zum Frittieren
- Limettenspalten, zum Servieren

Teig

- 150 g Mehl, plus etwas mehr zum Bestäuben
- 40 g Butter, klein gewürfelt
- 4 EL warme Milch

Wasser in einem Topf zum Kochen bringen und die Karotte 4 Minuten darin garen. Die Süßkartoffeln zugeben und 4 Minuten kochen. Dann die Erbsen zufügen und weitere 3 Minuten garen. Abgießen und abtropfen lassen.

Für die Füllung das Ghee oder Öl in einer großen Pfanne bei mittlerer Hitze zerlassen. Zwiebel, Knoblauch, Ingwer, Gewürze und Limettensaft zugeben und unter Rühren 3 Minuten andünsten. Das Gemüse zufügen und mit Salz und Pfeffer abschmecken. Weitere 2 Minuten garen. Die Pfanne vom Herd nehmen und die Füllung 15 Minuten abkühlen lassen.

Für den Teig das Mehl in eine Schüssel sieben, eine Mulde in die Mitte drücken und die Butter mit den Fingerspitzen einarbeiten. Die Milch zugießen und alles rasch zu einem Teig verkneten. In 4 gleich große Portionen teilen und auf eine leicht bemehlte Arbeitsfläche legen. Zu Kugeln formen und diese dann zu runden Fladen (17 cm Ø) ausrollen. Jeden Fladen halbieren und etwas Füllung gleichmäßig darauf verteilen. Die Ränder mit Wasser bepinseln, die Halbkreise zu Dreiecken auffalten und die Ränder gut verschließen.

Einen Wok oder eine große Pfanne 2,5 cm hoch mit Öl füllen und dieses auf 180 °C erhitzen (ein Brotwürfel bräunt darin in 30 Sekunden). Die Samosas darin portionsweise 3–4 Minuten goldbraun frittieren. Auf Küchenpapier abtropfen lassen und heiß mit Limettenspalten servieren.

EIER MIT PIKANTER SAUCE

Für 8 Personen

8 große, hart gekochte Eier
2 eingelegte rote Paprika aus dem Glas
16 grüne Oliven mit Paprikafüllung
75 g Mayonnaise
8 Tropfen Tabasco
1 große Prise Cayennepfeffer
Salz und Pfeffer
Paprikapulver, zum Bestäuben
Salatblätter, zum Garnieren

Die Eierschalen entfernen. Die Eier längs halbieren, dann vorsichtig das Eigelb herauslösen. Das Eigelb in ein feinmaschiges Sieb geben, auf eine Schüssel setzen und mit einem Löffel durch das Sieb streichen. Bei Bedarf das Eiweiß unter fließend kaltem Wasser abspülen und sehr vorsichtig trocken tupfen.

Die eingelegten Paprika gut abtropfen lassen. Etwa 32 schmale Streifen aus der Paprika schneiden und den Rest sehr fein hacken. Die Hälfte der Oliven sehr fein hacken. Die restlichen Oliven quer halbieren und beiseitestellen.

Gehackte Paprika und gehackte Oliven zum Eigelbpüree geben. Die Mayonnaise zufügen und alles gut verrühren, dann mit Tabasco, Cayennepfeffer, Salz und Pfeffer abschmecken.

Die Eigelbmischung in einen Spitzbeutel mit glatter Tülle (1 cm Ø) füllen und in die ausgehöhlten Eiweißhälften spritzen. Alternativ die Mischung mit einem Teelöffel in die Eiweißhälften füllen.

Die gefüllten Eier auf einer Servierplatte anrichten und mit je 2 Paprikastreifen und 1 halbierten Olive garnieren. Mit etwas Paprikapulver bestäuben, mit Salatblättern garnieren und servieren.

MARINIERTE OLIVEN

Für 8 Personen

4 Knoblauchzehen, geschält

2 TL Koriandersamen

1 kleine Zitrone

450 g große grüne Oliven mit Stein aus der Dose oder dem Glas, abgetropft

4 frische Thymianzweige

4 Fenchelstängel mit Grün

2 kleine, frische rote Chillies, in Stücke geschnitten (nach Belieben)

Pfeffer

natives Olivenöl extra, zum Einlegen

Mit der flachen Seite eines breiten Messers die Knoblauchzehen leicht zerdrücken. Die Koriandersamen in einen Mörser geben und zerstoßen. Die Zitrone mit der Schale in kleine Stücke schneiden.

Oliven, Knoblauch, Koriander, Zitronenstücke, Thymianzweige, Fenchel und nach Belieben Chillies in einer großen Schüssel vermengen. Mit Pfeffer abschmecken. Salz ist wahrscheinlich nicht nötig, da konservierte Oliven meist schon sehr salzig sind. Alle Zutaten dicht in ein sterilisiertes Einmachglas mit Deckel füllen. Mit so viel Olivenöl aufgießen, dass die Oliven gut bedeckt sind. Dann das Glas fest verschließen.

Die Oliven 24 Stunden bei Zimmertemperatur marinieren, anschließend für mindestens 1, vorzugsweise jedoch 2 Wochen in den Kühlschrank stellen. Ab und zu das Glas leicht schütteln. Vor dem Servieren die Oliven aus der Marinade heben und in eine Servierschale füllen.

MAISBROT MIT CHILI

Für 8 Personen

140 g Maismehl

70 g Mehl

3 TL Backpulver

1 kleine Zwiebel, fein gehackt

1–2 frische grüne Chillies, z. B. Jalapeño, entkernt und gehackt

4 EL Pflanzenöl

120 g Mais aus der Dose

250 g saure Sahne

2 Eier, verquirlt

Den Backofen auf 180 °C vorheizen.

Maismehl, Mehl und Backpulver in einer großen Schüssel mischen, Zwiebel und Chillies unterrühren und eine Vertiefung in die Mitte drücken.

Das Öl in einer großen ofenfesten Pfanne (23 cm Ø) erhitzen.

Mais, saure Sahne, Eier und schließlich das heiße Öl aus der Pfanne zu der Mehlmischung geben. Alles vorsichtig verrühren, dann in die heiße Pfanne geben und glatt streichen.

Etwa 35–40 Minuten im Ofen backen, bis an einem in die Mitte des Brots eingestochenen Holzspieß kein Teig mehr haften bleibt. Das Polentabrot in Stücke schneiden und warm aus der Pfanne servieren.

WÜRZIGE HÄHNCHENFLÜGEL

Für 4 Personen

900 g Hähnchenflügel

11 Knoblauchzehen, fein gehackt

Saft von 2 Limetten

Saft von 1 Orange

2 EL Tequila

1 EL mildes Chilipulver

2 getrocknete Chipotle-Chillies, 15 Minuten in heißem Wasser eingeweicht, abgetropft und püriert

2 EL Pflanzenöl

1 TL Zucker

1/4 TL gemahlener Piment

1 Prise Zimt

1 Prise gemahlener Kreuzkümmel

1 Prise getrockneter Oregano

Limettenspalten, zum Servieren

Die Hähnchenflügel am Gelenk halbieren.

Die restlichen Zutaten in eine große Schüssel geben und die Hähnchenflügel gut darin wenden. Die Schüssel mit Frischhaltefolie abdecken und das Fleisch mindestens 3 Stunden oder über Nacht im Kühlschrank marinieren.

Den Holzkohlegrill anheizen. Die Hähnchenflügel auf den Rost legen und über den heißen Kohlen 15–20 Minuten grillen, bis sie knusprig braun sind; dabei gelegentlich wenden. Alternativ die Hähnchenflügel in einer Grillpfanne oder unter dem Backofengrill garen. Sofort mit Limettenspalten servieren.

SATAY-HÜHNCHENSPIESSE MIT ERDNUSSSAUCE

Das Hühnerfleisch in eine flache Schüssel geben. Sojasauce, Stärke, Knoblauch und Ingwer in einer kleinen Schüssel verrühren und darübergießen. Die Schüssel abdecken und für mindestens 2 Stunden in den Kühlschrank stellen. In der Zwischenzeit 12 lange Holzspieße für mindestens 30 Minuten in kaltem Wasser einweichen.

Für die Sauce das Öl in einem Topf erhitzen. Zwiebel und Knoblauch zugeben und bei mittlerer Hitze unter Rühren glasig dünsten. Erdnussbutter, Wasser und Chilipulver zufügen und 2–3 Minuten köcheln lassen, bis eine glatte Sauce entsteht. Den Backofen auf 180 °C vorheizen.

Die Hähnchenwürfel auf die Holzspieße stecken. Eine Grillpfanne erhitzen und die Hähnchenspieße darin unter gelegentlichem Wenden 3–4 Minuten rundum anbräunen. Dann die Spieße auf ein Backblech legen und etwa 5–8 Minuten im Ofen braten, bis sie gar sind.

Die Spieße auf Servierteller verteilen und sofort mit der Erdnusssauce und den Gurkenwürfeln servieren.

Für 4 Personen

4 Hähnchenbrustfilets (à 125 g), in Würfel geschnitten

4 EL Sojasauce

1 EL Speisestärke

2 Knoblauchzehen, fein gehackt

2,5-cm-Stück Ingwerwurzel, fein gehackt

Gurkenstücke, zum Servieren

Erdnusssauce

2 EL Erdnuss- oder Pflanzenöl

½ Zwiebel, fein gehackt

1 Knoblauchzehe, fein gehackt

4 EL grobe Erdnussbutter

4–5 EL Wasser

½ TL Chilipulver

SCHARFE RINDFLEISCHBURGER

Für 4 Personen

650 g Rinderhackfleisch

1 rote Paprika, fein gehackt

1 Knoblauchzehe, fein gehackt

2 kleine frische rote Chillies, entkernt und fein gehackt

1 EL frisch gehacktes Basilikum, plus einige Blätter mehr zum Garnieren

½ TL gemahlener Kreuzkümmel

Salz und Pfeffer

4 Hamburgerbrötchen, zum Servieren

Rinderhack, rote Paprika, Knoblauch, Chillies, gehacktes Basilikum und Kreuzkümmel in eine Schüssel geben und gut vermengen. Mit Salz und Pfeffer würzen. Aus der Mischung 4 gleich große Burger formen.

Den Holzkohlegrill anheizen. Die Burger auf den Rost legen und über den heißen Kohlen 5–8 Minuten auf jeder Seite grillen, bis sie gar sind. Alternativ in einer Grillpfanne oder unter dem Backofengrill garen. Die Burger auf die Hamburgerbrötchen verteilen, mit Basilikumblättern garnieren und sofort servieren.

RINDFLEISCH-FAJITAS MIT SALSA

Das Fleisch mit der Hälfte des Knoblauchs und des Limettensafts sowie mit Chili- und Paprikapulver, Kreuzkümmel, Olivenöl, Salz und Pfeffer in einer Schüssel vermengen und mindestens 30 Minuten bei Zimmertemperatur oder über Nacht im Kühlschrank marinieren.

Für die Salsa alle Zutaten in eine Schüssel geben und gut verrühren. Beiseitestellen.

Eine beschichtete Pfanne mit etwas Öl einfetten. Die Tortillas nacheinander darin erwärmen und in ein sauberes Geschirrtuch wickeln, um sie warm zu halten.

Die Pfanne erneut mit etwas Öl einfetten, erhitzen, das Rindfleisch zugeben und rundum anbräunen, bis es gar ist.

Das Fleisch auf den Tortillas verteilen. Salsa, Avocadowürfel und die saure Sahne in separate Schüsseln geben und zu den Tortillas reichen. Auf diese Weise kann sich jeder am Tisch seine eigenen Fajitas zubereiten.

Für 4–6 Personen

700 g Rindersteak, in Streifen geschnitten

6 Knoblauchzehen, zerdrückt

Saft von 1 Limette

1 Prise mildes Chilipulver

1 Prise Paprikapulver

1 Prise gemahlener Kreuzkümmel

1–2 EL natives Olivenöl extra

Salz und Pfeffer

12 Weizenmehl-Tortillas

Pflanzenöl, zum Einfetten

1–2 Avocados, in Würfel geschnitten und mit Limettensaft beträufelt

120 g saure Sahne

Salsa

8 vollreife Tomaten, in Würfel geschnitten

3 Frühlingszwiebeln, in Ringe geschnitten

1–2 grüne Chillies, z. B. Jalapeño, entkernt und gehackt

3–4 EL frisch gehackter Koriander

5–8 Radieschen, in Würfel geschnitten

1 TL gemahlener Kreuzkümmel

Salz und Pfeffer

SPARERIBS MIT PAPRIKASAUCE

Für 6 Personen

Olivenöl, zum Einfetten

1,25 kg Spareribs

100 ml trockener spanischer Sherry

5 TL süßes oder scharfes geräuchertes Paprikapulver

2 Knoblauchzehen, zerdrückt

1 EL getrockneter Oregano

150 ml Wasser

Salz

Den Backofen auf 220 °C vorheizen. Einen großen Bräter mit etwas Öl einfetten.

Die Spareribs in einzelne Rippchen zerteilen. Wenn möglich, jedes Rippchen quer halbieren. (Sie können auch Ihren Metzger bitten, dies zu übernehmen.) Die Spareribs nebeneinander in den vorbereiteten Bräter geben und 20 Minuten im Ofen garen.

In der Zwischenzeit für die Marinade Sherry, Paprikapulver, Knoblauch, Oregano, Wasser und Salz in einer kleinen Kanne gut verrühren.

Die Ofentemperatur auf 180 °C reduzieren. Das Fett aus dem Bräter abgießen, dann die Marinade über die Spareribs gießen und diese gut darin wenden. Weitere 45 Minuten im Ofen schmoren, bis die Spareribs gar sind; dabei nach etwa 20 Minuten noch einmal mit der Sauce begießen.

Die Spareribs auf einen vorgewärmten Servierteller geben. Den Bräter auf den Herd stellen, den Sud bei hoher Hitze zum Kochen bringen und auf die Hälfte reduzieren. Den Sud nun über die Spareribs gießen und sofort servieren.

CHORIZO-CHAMPIGNON-SPIESSE

Das Öl in einer Pfanne bei mittlerer Hitze erwärmen und die Chorizo-Scheiben darin 20 Sekunden unter Rühren anbraten.

Die Champignons zufügen und 1–2 Minuten andünsten, bis sie zu bräunen beginnen.

Paprikastücke, Chorizo-Scheiben und Champignons nun abwechselnd auf Holzspieße stecken. Auf Teller verteilen und heiß oder warm servieren.

Für 8 Personen

2 EL Olivenöl

100 g Chorizo, in 24 etwa 1 cm dicke Scheiben geschnitten

24 kleine Champignons, geputzt

1 grüne Paprika, gegrillt, gehäutet und in 24 quadratische Stücke geschnitten

BRATLINGE NACH CAJUN-ART

Für 4–6 Personen

250 g Süßkartoffeln, in Stücke geschnitten

500 g Schweinehackfleisch

1 Apfel, geschält, entkernt und gerieben

2 TL Cajun-Gewürzmischung

500 g Zwiebeln

1 EL frisch gehackter Koriander

Salz und Pfeffer

2 EL Sonnenblumenöl

8–12 Scheiben Frühstücksspeck

Salzwasser in einem großen Topf erhitzen und die Süßkartoffeln darin 15–20 Minuten gar kochen. Abgießen, abtropfen lassen und zerstampfen.

Hackfleisch, Süßkartoffeln, Apfel und Cajun-Gewürz in eine Schüssel geben und gut vermengen. Eine Zwiebel reiben und zusammen mit dem Koriander zur Hackfleischmischung geben. Mit Salz und Pfeffer würzen und alles gut vermischen. Aus der Mischung 4–6 große, flache Bratlinge formen. Auf einen großen Teller geben, mit Frischhaltefolie abdecken und etwa 1 Stunde im Kühlschrank ziehen lassen.

Den Holzkohlegrill vorheizen. Die restlichen Zwiebeln in Ringe schneiden. 1 Esslöffel Öl in einer großen Pfanne erhitzen und die Zwiebelringe darin weich dünsten.

Jeden Burger mit 2 Speckscheiben über Kreuz umwickeln. Mit dem restlichen Öl bestreichen und über starker Glut 4–5 Minuten von jeder Seite grillen, bis sie durchgegart sind. Mit den gedünsteten Zwiebelringen servieren.

CHILIFRIKADELLEN MIT KREBSFLEISCH

Alle Zutaten für die Frikadellen (außer dem Öl) in die Küchenmaschine geben und zu einer groben Masse verarbeiten. Daraus mit feuchten Händen etwa 20 flache Frikadellen formen.

Das Öl in einer großen Pfanne erhitzen und die Frikadellen darin portionsweise von jeder Seite etwa 2 Minuten goldbraun braten. Mit einem Schaumlöffel herausnehmen und auf Küchenpapier abtropfen lassen. Warm halten, bis alle Frikadellen fertig gebraten sind.

In der Zwischenzeit für den Dip Wasser, Zucker und Essig in einem kleinen Topf langsam erhitzen, bis sich der Zucker aufgelöst hat. Zwiebel und Gurke zufügen und 5 Minuten köcheln lassen. In kleine Servierschalen füllen und heiß oder kalt zu den Frikadellen reichen.

Für 4 Personen

Frikadellen

120 g Krebsfleisch aus der Dose, abgetropft

120 g Schweinehackfleisch

2 frische rote Chillies, entkernt und grob gehackt

1 TL Salz

2 Frühlingszwiebeln, gehackt

1 Handvoll Korianderblätter, gehackt

1 Eiweiß

Erdnuss- oder Pflanzenöl, zum Braten

Dip

150 ml Wasser

4 EL Zucker

1 EL Reisessig

½ kleine rote Zwiebel, sehr fein gehackt

5-cm-Stück Gurke, sehr fein gewürfelt

WÜRZIGE FISCHSPIESSE

Ergibt 8 Stück

1 Prise Safranfäden, zerstoßen

1 EL heiße Milch

80 g Naturjoghurt (10% Fett)

1 EL Knoblauchpaste

1 EL Ingwerpaste

1 TL Salz, oder nach Belieben

½ TL Zucker

Saft von einer ½ Zitrone

½–1 TL Chilipulver

½ TL Garam masala

1 TL Fenchelsamen

2 TL Kichererbsenmehl

750 g Lachsfilet, gehäutet und in 5 cm große Würfel geschnitten

3 EL Olivenöl, plus etwas mehr zum Einfetten

Tomaten- und Gurkenscheiben, zum Garnieren

Zitronenspalten, zum Servieren

Den Safran mit der heißen Milch übergießen und 10 Minuten ziehen lassen.

Joghurt, Knoblauch- und Ingwerpaste, Salz, Zucker, Zitronensaft, Chilipulver, Garam masala, Fenchelsamen und Kichererbsenmehl in eine große Schüssel geben und mit einer Gabel glatt rühren. Die Safranmischung einrühren, die Fischwürfel zufügen und gut mit der Marinade bedecken. Die Schüssel abdecken und für 2 Stunden in den Kühlschrank stellen. Aus dem Kühlschrank nehmen und auf Zimmertemperatur kommen lassen.

Den Backofengrill vorheizen, den Rost mit etwas Öl bepinseln und eine Fettpfanne darunterschieben. 8 Metallspieße mit Öl bestreichen.

Die Fischwürfel mit einem kleinen Abstand voneinander auf die Spieße stecken. Auf dem Rost platzieren und auf der ersten Schiene von oben etwa 3 Minuten grillen. Mit der Hälfte des Olivenöls bepinseln und 1 weitere Minute garen. Die Spieße wenden und mit der restlichen Marinade beträufeln. 3 Minuten grillen, mit dem restlichen Öl bepinseln und weitere 2 Minuten garen.

Die Fischspieße aus dem Ofen nehmen und 5 Minuten ruhen lassen. Mit Tomaten- und Gurkenscheiben garnieren und mit Zitronenspalten servieren.

FISCH-BURRITOS

Den Fisch mit Salz und Pfeffer würzen, dann mit Kreuzkümmel, Oregano und Knoblauch in einen Topf geben. So viel Fischfond zugeben, dass die Fischfilets gut bedeckt sind, zum Kochen bringen und 1 Minute köcheln lassen. Vom Herd nehmen und den Fisch im Sud 30 Minuten abkühlen lassen.

Die Fischfilets mit einem Schaumlöffel aus dem Kochsud heben und in mundgerechte Stücke zerteilen. In eine Schüssel füllen, mit Zitronensaft beträufeln und beiseitestellen.

Die Tortillas nacheinander in einer beschichteten Pfanne erwärmen und mit ein paar Tropfen Wasser beträufeln. Die Tortillas einzeln in Alufolie oder ein sauberes Küchentuch einschlagen, um sie warm zu halten.

Etwas Eisbergsalat in die Mitte jeder Tortilla geben. Ein paar Fischstücke darauf verteilen, mit den Tomatenwürfel bestreuen und die Tortillas aufrollen. Mit den Zitronenspalten garnieren und mit Salsa servieren.

Ergibt 8 Stück

450 g festes Weißfischfilet, z. B. Dorsch oder Red Snapper

Salz und Pfeffer

¼ TL gemahlener Kreuzkümmel

1 Prise getrockneter Oregano

4 Knoblauchzehen, sehr fein gehackt

etwa 150 ml Fischfond

Saft von einer ½ Zitrone oder Limette

8 Weizen-Tortillas

2–3 Blätter Eisbergsalat, zerzupft

2 Tomaten, gewürfelt

Zitronenspalten, zum Garnieren

fertige Salsa, zum Servieren

CHILI-GARNELEN

Für 6 Personen

500 g rohe Riesengarnelen

1 kleine frische rote Chili

90 ml Olivenöl

2 Knoblauchzehen, fein gehackt

1 Prise Paprikapulver edelsüß

1 Prise Salz

knuspriges Brot, zum Servieren

Die Garnelenköpfe abdrehen und die Garnelen auslösen, dabei die Schwanzenden intakt lassen. Am Rücken längs einschneiden und die Darmfäden entfernen. Die Garnelen unter fließend kaltem Wasser abspülen und mit Küchenpapier trocken tupfen.

Die Chili längs halbieren, entkernen und fein hacken.

Das Öl in einer großen Pfanne oder einem Schmortopf erhitzen und den Knoblauch darin 30 Sekunden andünsten. Garnelen, Chili, Paprikapulver und Salz zufügen und 2–3 Minuten unter Rühren anbraten, bis die Garnelen gar sind.

Die Garnelen in eine Servierschale geben und mit knusprigem Brot servieren.

GARNELEN MIT SCHARFEM DRESSING

Für das Dressing Frühlingszwiebeln, Sellerie, Knoblauch und Petersilie in einer Küchenmaschine kurz zerkleinern. Senf, Zucker, Essig, Meerrettich, Paprikapulver, Cayennepfeffer, Salz, Pfeffer und Tabasco zufügen und gut einarbeiten. Das Öl in einem dünnen Strahl unter Rühren zugießen, bis ein cremiges Dressing entsteht. In eine große Schüssel füllen, mit Frischhaltefolie abdecken und beiseitestellen.

Einen großen Topf mit Wasser füllen, Salz und Zitronenscheiben zugeben und zum Kochen bringen. Die Hitze reduzieren, bis das Wasser nur noch leicht köchelt, und die Garnelen darin 3–5 Minuten gar kochen.

Die Garnelen abgießen, abtropfen lassen und unter fließend kaltem Wasser abschrecken. Dann die Garnelen auslösen, die Darmfäden entfernen und das Fleisch unter das Dressing rühren. Die Schüssel abdecken und für mindestens 45 Minuten oder über Nacht in den Kühlschrank stellen. Die Garnelen mit dem Dressing auf dem Eisbergsalat anrichten und mit hart gekochten Eiern und Tomatenscheiben servieren.

Für 4–6 Personen

1 ½ EL Salz

1 Zitrone, in Scheiben geschnitten

800 g rohe Riesengarnelen

zerzupfter Eisbergsalat, hart gekochte Eier und Tomatenscheiben, zum Servieren

Dressing

50 g Frühlingszwiebeln, grob gehackt

50 g Selleriestange, grob gehackt

1 große Knoblauchzehe

4 EL frisch gehackte Petersilie

2 EL grober Senf

2 EL Zucker

2 EL Apfelessig oder Tomatenketchup

1 ½ EL Sahnemeerrettich

1 EL Paprikapulver

½ TL Cayennepfeffer

½ TL Salz

¼ TL gemahlener schwarzer Pfeffer

Tabasco, zum Abschmecken

etwa 150 ml Erdnussöl

LAKSA

Für 4 Personen

1 EL Sonnenblumenöl

2–3 Knoblauchzehen, in dünne Scheiben geschnitten

1–2 frische rote Thai-Chillies, entkernt und in Ringe geschnitten

2 Stängel Zitronengras, die äußeren Blätter entfernt, gehackt

2,5-cm-Stück Ingwerwurzel, gerieben

1,2 l Fischfond oder Gemüsebrühe

350 g große rohe Garnelen, ausgelöst

120 g Shiitake-Pilze, in Scheiben geschnitten

1 große Karotte, geraspelt

50 g chinesische Eiernudeln (nach Belieben)

1–2 TL thailändische Fischsauce

1 EL frisch gehackter Koriander

Das Öl in einem großen Topf bei mittlerer Hitze erwärmen. Knoblauch, Chillies, Zitronengras und Ingwer zugeben und unter Rühren etwa 5 Minuten dünsten. Mit der Brühe ablöschen und aufkochen lassen. Die Hitze reduzieren und alles 5 Minuten köcheln lassen.

Garnelen, Pilze und Karotte zugeben. Die Eiernudeln, falls verwendet, in kleine Stücke brechen und in die Suppe rühren. Weitere 5 Minuten köcheln lassen, bis die Garnelen und Nudeln gar sind.

Fischsauce und Koriander unterrühren und 1 Minute köcheln lassen. Die Suppe auf Servierschalen verteilen und sofort servieren.

SCHARFSAURE SUPPE

Chillies und Reisessig in einer Schüssel verrühren. Mit Frischhaltefolie abdecken und bei Zimmertemperatur 1 Stunde ziehen lassen.

In der Zwischenzeit die Brühe in einem Topf zum Kochen bringen. Zitronengras, Sojasauce, Palmzucker und Limettensaft zugeben und verrühren. Die Hitze reduzieren und die Brühe 20–30 Minuten köcheln lassen.

Das Öl im Wok erhitzen und die Tofuwürfel darin 2–3 Minuten rundum anbräunen. Mit einem Schaumlöffel aus dem Wok heben und auf Küchenpapier abtropfen lassen.

Chili-Essig-Mischung, Tofu, Pilze und die Hälfte der Frühlingszwiebeln in die Brühe rühren und 10 Minuten garen. Pak Choi und die restlichen Frühlingszwiebeln mischen, über die Suppe streuen und sofort servieren.

Für 4 Personen

2 frische rote Chillies, entkernt und grob gehackt

90 ml Reisessig

1,2 l Gemüsebrühe

2 Stängel Zitronengras, halbiert

4 EL Sojasauce

1 EL Palmzucker

Saft von einer ½ Limette

2 EL Erdnuss- oder Pflanzenöl

250 g schnittfester Tofu, in Würfel geschnitten

400 g Strohpilze aus der Dose, abgetropft

4 Frühlingszwiebeln, gehackt

1 kleiner Pak Choi, in Streifen geschnitten

PIKANTE LINSENSUPPE

Für 4–6 Personen

300 g rote Linsen, abgespült

2 l Gemüsebrühe oder Wasser

2 frische grüne Chillies, längs halbiert

1 TL Kurkuma

2 EL Sonnenblumenöl

1 ½ Zwiebeln, in dünne Ringe geschnitten

2 große Knoblauchzehen, zerdrückt

2 TL milde oder scharfe Currypaste, nach Belieben

Salz und Pfeffer

Naturjoghurt (10 % Fett) und frisch gehackter Koriander, zum Garnieren

warmes Naan-Brot, zum Servieren

Linsen und Brühe in einen großen Topf mit gut schließendem Deckel geben und zum Kochen bringen; bei Bedarf den entstehenden Schaum abschöpfen. Chillies und Kurkuma zugeben und die Hitze auf geringste Stufe reduzieren. Den Topf bedecken und die Linsen etwa 25–30 Minuten köcheln lassen, bis sie gar sind und zerfallen.

In der Zwischenzeit das Öl in einem weiteren großen Topf bei mittlerer Hitze erwärmen. Zwiebeln und Knoblauch zugeben und glasig dünsten, aber nicht anbräunen. Die Currypaste einrühren und unter Rühren etwa 1 Minute dünsten.

Die Linsen samt Garsud zur Zwiebelmischung geben und gut verrühren.

Mit einem Pürierstab oder in der Küchenmaschine die Suppe fein pürieren. Zurück in den ausgespülten Topf geben und so viel Wasser zugießen, dass eine dünnflüssige Suppe entsteht. Langsam zum Kochen bringen, dann die Hitze reduzieren. Mit Salz und Pfeffer abschmecken und weitere 2 Minuten köcheln lassen.

Die Suppe auf vorgewärmte Suppenschalen verteilen. Je 1 Esslöffel Joghurt auf die Suppenportionen verteilen und mit Koriander bestreuen. Sofort mit Naan-Brot servieren.

WÜRZIG

Fleisch & Geflügel

RINDERSTEAKS IN TEQUILA-MARINADE

Für 4 Personen

2 EL natives Olivenöl extra, plus etwas mehr zum Bestreichen

3 EL Tequila

3 EL frisch gepresster Orangensaft

1 EL frisch gepresster Limettensaft

3 Knoblauchzehen, zerdrückt

2 TL Chilipulver

2 TL gemahlener Kreuzkümmel

1 TL getrockneter Oregano

Salz und Pfeffer

4 Rinderfiletsteaks

Öl, Tequila, Orangen- und Limettensaft, Knoblauch, Chilipulver, Kreuzkümmel, Oregano, Salz und Pfeffer in eine große flache Schüssel geben und gut mischen. Die Steaks zufügen und gut in der Marinade wenden. Die Schüssel mit Frischhaltefolie abdecken und für mindestens 2 Stunden oder über Nacht in den Kühlschrank stellen; dabei die Steaks gelegentlich wenden.

Den Holzkohlegrill anheizen und den Rost mit etwas Öl einpinseln. Die Steaks aus dem Kühlschrank nehmen (sie sollten etwa Zimmertemperatur haben, bevor sie gegrillt werden). Dann die Steaks aus der Marinade heben, auf den Rost legen und etwa 3–4 Minuten von jeder Seite grillen (für medium). Mögen Sie die Steaks lieber durchgebraten, sollten Sie die Garzeit entsprechend verlängern. Während des Grillens das Fleisch regelmäßig mit der Marinade bestreichen. Alternativ die Steaks in einer Grillpfanne oder dem Backofengrill garen. Sofort servieren.

ORIGINAL CHILI CON CARNE

Für 6 Personen

4 EL Sonnenblumenöl

2 Zwiebeln, gehackt

1 Knoblauchzehe, gehackt

1 EL Mehl

Salz und Pfeffer

900 g Rindfleisch, in Würfel geschnitten

300 ml Rinderfond

300 ml Rotwein

2–3 frische rote Chillies, entkernt und gehackt

800 g Kidneybohnen aus der Dose, abgespült und abgetropft

400 g gehackte Tomaten aus der Dose

Tortilla-Chips, zum Servieren

Die Hälfte des Öls in einem großen Topf erhitzen. Die Hälfte der Zwiebeln und den Knoblauch zugeben und unter Rühren weich dünsten. Mit einem Schaumlöffel aus dem Topf heben und auf einen Teller legen.

Das Mehl auf einem flachen Teller verteilen, großzügig mit Salz und Pfeffer würzen und die Fleischstücke darin wenden. Das Fleisch portionsweise in das heiße Öl in den Topf geben und rundum anbräunen. Die Zwiebelmischung zufügen und gut verrühren. Mit Rinderbrühe und Wein ablöschen und unter Rühren aufkochen lassen. Die Hitze reduzieren und alles etwa 1 Stunde köcheln lassen.

In der Zwischenzeit das restliche Öl in einer Pfanne erhitzen. Die restlichen Zwiebeln und die roten Chillies zugeben und unter gelegentlichem Rühren 5 Minuten dünsten. Bohnen und Tomaten samt Flüssigkeit aus der Dose einrühren und die Tomaten mit einem Holzlöffel in kleinere Stücke zerteilen. Etwa 25 Minuten köcheln lassen, bis die Mischung etwas andickt.

Das Fleisch auf Servierteller verteilen und die Bohnenmischung darübergeben. Mit Tortilla-Chips servieren.

RINDERGULASCH

Das Öl in einer Pfanne erhitzen. Zwiebel und Knoblauch zugeben und 3–4 Minuten andünsten. Das Fleisch zugeben und rundum anbräunen.

Paprikapulver, Tomaten, Tomatenmark, Paprika und Champignons zugeben und unter Rühren 2–3 Minuten anbraten.

Mit dem Fond ablöschen und aufkochen lassen. Die Hitze reduzieren, den Topf bedecken und alles 1½–2 Stunden köcheln lassen, bis das Fleisch gar ist.

Die Speisestärke mit dem Wasser verquirlen, zum Fleisch geben und so lange rühren, bis die Sauce etwas andickt. 1 Minute köcheln lassen, dann mit Salz und Pfeffer abschmecken.

Das Gulasch auf Servierteller verteilen, mit Petersilie bestreuen und mit dem Reis servieren.

Für 4 Personen

2 EL Pflanzenöl

1 große Zwiebel, in Würfel geschnitten

1 Knoblauchzehe, zerdrückt

750 g magerer Rinderschmorbraten, in Würfel geschnitten

2 EL Paprikapulver

400 g gehackte Tomaten aus der Dose

2 EL Tomatenmark

1 große rote Paprika, in Würfel geschnitten

175 g Champignons, in Scheiben geschnitten

600 ml Rinderfond

1 EL Speisestärke

1 EL Wasser

Salz und Pfeffer

frisch gehackte Petersilie, zum Garnieren

gegarte Langkorn-Wildreis-Mischung, zum Servieren

FEURIGER RINDERTOPF

Für 4 Personen

500 g Rinderschmorfleisch

1½ EL Mehl

2 EL Olivenöl

1 rote Zwiebel, gehackt

3–4 Knoblauchzehen, zerdrückt

1 frische grüne Chili, entkernt und gehackt

3 Selleriestangen, in Scheiben geschnitten

4 Nelken

1 TL gemahlener Piment

1–2 TL scharfe Chilisauce, oder nach Belieben

600 ml Rinderfond

250 g Kürbisfleisch, z. B. Eichelkürbis, in Würfel geschnitten

1 große rote Paprika, gehackt

4 Tomaten, grob gehackt

120 g Okras, geputzt und halbiert

Das Fleisch von Fett und Sehnen befreien und in 2,5 cm große Würfel schneiden. Das Mehl auf einem großen Teller verteilen und das Fleisch darin wälzen. Das restliche Mehl beiseitestellen.

Das Öl in einem großen Topf erhitzen. Zwiebel, Knoblauch, Chili, Sellerie, Nelken und Piment zugeben und unter Rühren 5 Minuten andünsten. Das Fleisch zufügen und bei starker Hitze rundum anbräunen. Das restliche Mehl einrühren und unter Rühren 2 Minuten anschwitzen. Den Topf vom Herd nehmen.

Die Chilisauce in die Fleischmischung rühren und nach und nach die Brühe zugießen. Den Topf zurück auf den Herd stellen und alles unter Rühren aufkochen lassen. Die Hitze reduzieren, den Topf bedecken und alles weitere 1½ Stunden unter gelegentlichem Rühren köcheln lassen.

Kürbis und Paprika einrühren und den Eintopf 15 Minuten köcheln lassen. Tomaten und Okras zufügen und weitere 15 Minuten köcheln, bis das Fleisch ganz zart ist. Auf Servierteller verteilen und sofort servieren.

CHILIREIS MIT RINDFLEISCHSTREIFEN

Für den Chilireis das Öl im Wok oder einer großen Pfanne erhitzen. Frühlingszwiebeln, Bohnen und Chillies zugeben und bei mittlerer Hitze 1–2 Minuten unter Rühren anbraten. Den Reis zugeben und 2–3 Minuten pfannenrühren. Mit dem Fond ablöschen und unter gelegentlichem Rühren zum Kochen bringen. Die Hitze reduzieren und alles 10–15 Minuten köcheln lassen, bis der Reis gar ist; dabei bei Bedarf noch etwas Fond zugießen. Den Wok vom Herd nehmen und bedecken.

Für die Rindfleischstreifen das Öl in einem weiteren Wok oder einer großen Pfanne erhitzen. Zwiebel, Paprika und Ingwer zugeben und bei mittlerer Hitze unter Rühren kurz andünsten. Die Fleischstreifen zufügen und bei starker Hitze 1–2 Minuten rundum anbräunen. Austernsauce, Sojasauce und Palmzucker einrühren und 2–3 Minuten unter Rühren anbraten. Mit Koriander bestreuen, auf Servierschalen verteilen und sofort mit dem Chilireis servieren.

Für 4 Personen

1 EL Erdnuss- oder Pflanzenöl

5 Frühlingszwiebeln, gehackt

50 g Prinzessbohnen, halbiert

2 frische rote Chillies, entkernt und in Ringe geschnitten

250 g Basmatireis

etwa 600 ml Rinderfond

frisch gehackter Koriander, zum Garnieren

Rindfleischstreifen

2 EL Erdnuss- oder Pflanzenöl

1 Zwiebel, in Spalten geschnitten

1 grüne Paprika, in Würfel geschnitten

2,5-cm-Stück Ingwerwurzel, fein gehackt

350 g Rinderfilet, in Streifen geschnitten

90 ml Austernsauce

2 EL Sojasauce

1 TL Palmzucker

RINDFLEISCH NACH MADRAS-ART

Für 4–6 Personen

1–2 getrocknete rote Chillies

2 TL gemahlener Koriander

2 TL gemahlene Kurkuma

1 TL schwarze Senfsamen

½ TL gemahlener Ingwer

¼ TL frisch gemahlener Pfeffer

150 g Kokoscreme, in Würfel geschnitten und in 300 ml kochend heißem Wasser aufgelöst

50 g Ghee oder 4 EL Pflanzen- oder Erdnussöl

2 Zwiebeln, gehackt

3 große Knoblauchzehen, gehackt

700 g mageres Rinderschmorfleisch, von Fett und Sehnen befreit und in 5 cm große Würfel geschnitten

250 ml Rinderfond

Zitronensaft

Salz

Pappadams, zum Servieren

Je nach gewünschtem Schärfegrad die Chillies mit oder ohne Samenkerne hacken. Das Gericht wird umso schärfer, je mehr Samenkerne es enthält. Chillies, Koriander, Kurkuma, Senfsamen, Ingwerpulver und Pfeffer in eine kleine Schüssel geben und mit einer kleinen Menge der Kokosmischung zu einer dünnflüssigen Paste verrühren.

Das Ghee in einer großen Pfanne mit Deckel oder einer Kasserolle bei mittlerer Hitze zerlassen. Zwiebeln und Knoblauch zugeben und unter Rühren 5–8 Minuten braten, bis die Zwiebeln gebräunt sind. Die Gewürzpaste einrühren und 2 Minuten mitbraten, bis sie anfängt zu duften.

Fleisch und Fond zugeben und zum Kochen bringen. Die Hitze auf niedrigste Stufe reduzieren, die Pfanne bedecken und alles 1½ Stunden unter gelegentlichem Rühren köcheln lassen, bis das Fleisch gar ist; dabei bei Bedarf noch etwas Wasser oder Brühe zugießen.

Den Deckel abnehmen und restliche Kokosmischung, Zitronensaft und Salz unterrühren. Kurz aufkochen lassen, dann die Hitze reduzieren. So lange ohne Deckel kochen lassen, bis die Sauce etwas andickt. Das Gericht auf Servierschalen verteilen und mit Pappadams servieren.

LAMM-TAGINE

Für 4 Personen

1 EL Sonnenblumenöl

1 Zwiebel, gehackt

350 g Lammfleisch, von Fett und Sehnen befreit und in 2,5 cm große Würfel geschnitten

1 Knoblauchzehe, fein gehackt

600 ml Gemüsebrühe

abgeriebene Schale und Saft von 1 Orange

1 TL klarer Honig

1 Zimtstange

1-cm-Stück Ingwerwurzel, fein gehackt

1 Aubergine

4 Tomaten, gehäutet und gehackt

120 g getrocknete Aprikosen

2 EL frisch gehackter Koriander

Salz und Pfeffer

gegarter Couscous, zum Servieren

Das Öl in einer Kasserolle erhitzen. Zwiebel und Fleisch zugeben bei mittlerer Hitze unter Rühren 5 Minuten anbraten, bis das Fleisch rundum angebräunt ist. Knoblauch, Brühe, Orangenschale und -saft, Honig, Zimt und Ingwer einrühren und aufkochen lassen. Die Hitze reduzieren, die Kasserolle bedecken und alles 45 Minuten köcheln lassen.

Die Aubergine längs halbieren, in dünne Scheiben schneiden und mit Tomaten und Aprikosen in die Fleischmischung rühren. Die Kasserolle erneut bedecken und alles weitere 45 Minuten köcheln lassen, bis das Fleisch gar und zart ist.

Den Koriander einrühren, alles mit Salz und Pfeffer abschmecken und das Gericht mit Couscous servieren.

TÜRKISCHER LAMMTOPF

Für 4 Personen

2 EL Olivenöl

4 Lammhaxen (à 300 g)

2 Zwiebeln, in Ringe geschnitten

2 Paprika, Farbe nach Belieben, gehackt

2 Knoblauchzehen, zerdrückt

1 Aubergine, in kleine Würfel geschnitten

½ TL Paprikapulver

½ TL Zimt

200 g Kichererbsen aus der Dose, abgetropft

400 g gehackte Tomaten aus der Dose

2 TL gemischte getrocknete mediterrane Kräuter

etwa 100 ml Lammfond oder Gemüsebrühe

Salz und Pfeffer

gegarter Couscous, zum Servieren

Den Backofen auf 160 °C vorheizen. Die Hälfte des Öls in einer großen beschichteten Pfanne erhitzen und die Lammhaxen darin 2–3 Minuten rundum anbräunen. In eine Kasserolle geben.

Das restliche Öl in der Pfanne erhitzen. Zwiebeln und Paprika zugeben und unter Rühren weich dünsten. Knoblauch, Aubergine, Paprikapulver und Zimt zufügen und unter Rühren 1 Minute garen. Kichererbsen, gehackte Tomaten und getrocknete Kräuter einrühren und mit so viel Brühe aufgießen, dass die Flüssigkeit etwa 2 cm hoch in der Pfanne steht. Gut verrühren und zum Kochen bringen. Den Sud mit Salz und Pfeffer abschmecken und zum Lammfleisch in die Kasserolle gießen.

Die Kasserolle bedecken und auf die mittlere Schiene des Ofens schieben. Die Lammhaxen etwa 1½ Stunden schmoren. Nach 45 Minuten prüfen, ob der Sud köchelt und genügend Flüssigkeit vorhanden ist. Nach Bedarf mit etwas Brühe oder kochendem Wasser auffüllen. Die Lammhaxen mit Couscous servieren.

ROGAN JOSH

Die Hälfte des Ghees in einem großen Topf erhitzen und das Lammfleisch darin 5 Minuten rundum anbräunen. Das Fleisch mit einem Schaumlöffel aus dem Topf heben und auf Küchenpapier abtropfen lassen. Knoblauch, Chillies, Ingwer, Mohn und die zerstoßenen Gewürze sowie Koriandersamen und Kreuzkümmel zufügen und bei mittlerer Hitze 4 Minuten unter Rühren anbraten. Den Topf vom Herd nehmen, den Inhalt kurz abkühlen lassen und in die Küchenmaschine geben. Saure Sahne, Kurkuma und Chilipulver zugeben und alles zu einer glatten Masse verarbeiten.

Das restliche Ghee im Topf erhitzen, die Tomaten zufügen und 3 Minuten bei geringer Hitze unter Rühren dünsten. Die Sahne-Gewürz-Mischung zugeben und so lange rühren, bis das Öl sich oben absetzt. Den Topf vom Herd nehmen und das Lammfleisch unter die Gewürzmischung heben. Das Lorbeerblatt zufügen und den Topf zurück auf den Herd stellen. Den Topf bedecken und alles 35–40 Minuten köcheln lassen, bis die Flüssigkeit stark andickt. Das Lorbeerblatt entfernen und das Gericht auf Servierteller verteilen. Mit den Korianderblättern garnieren und mit Reis servieren.

Für 4 Personen

120 g Ghee oder 130 ml Pflanzenöl

500 g Lammfleisch, entbeint und in mundgerechte Stücke geschnitten

4 Knoblauchzehen, gehackt

3 frische grüne Chillies, gehackt

2,5-cm-Stück Ingwerwurzel, gerieben

1 TL Mohnsamen

1 Zimtstange, zerstoßen

1 Kardamomkapsel, zerstoßen

4 Gewürznelken, zerstoßen

1 TL gemahlene Koriandersamen

1 TL gemahlener Kreuzkümmel

250 g saure Sahne

½ TL Kurkuma

½ TL Chilipulver

2 große Tomaten, gehackt

1 Lorbeerblatt

frische Korianderblätter, zum Garnieren

gegarter Reis, zum Servieren

LAMMCURRY MIT SPINAT

Für 2–4 Personen

300 ml Pflanzenöl

2 Zwiebeln, in Ringe geschnitten

1/4 Bund frischer Koriander, gehackt

2 frische grüne Chillies, gehackt

1 1/2 TL frisch gehackter Ingwer

1/2 TL frisch zerdrückter Knoblauch

1 TL Chilipulver

1/2 TL gemahlene Kurkuma

500 g mageres Lammfleisch, in mundgerechte Stücke geschnitten

1 TL Salz

1 kg Spinat, geputzt und gehackt

700 ml Wasser

1 frische rote Chili, fein gehackt, zum Garnieren

Das Öl in einem Wok oder einer großen Pfanne erhitzen und die Zwiebeln darin goldgelb andünsten.

Koriander und grüne Chillies zufügen und 3–5 Minuten pfannenrühren. Die Hitze reduzieren und Ingwer, Knoblauch, Chilipulver und Kurkuma unterrühren.

Das Lammfleisch zugeben und weitere 5 Minuten unter Rühren anbraten. Salz und Spinat einrühren und weitere 3–5 Minuten braten.

Das Wasser unter Rühren zugießen, den Wok bedecken und die Hitze reduzieren. Alles etwa 45 Minuten köcheln lassen, dann prüfen, ob das Fleisch zart ist. Falls nicht, die Hitze erhöhen und alles ohne Deckel weitergaren, bis die meiste Flüssigkeit verdampft ist. Dann weitere 5–7 Minuten unter Rühren garen.

Das Gericht auf Servierschalen verteilen, mit gehackter Chili garnieren und sofort servieren.

MARINIERTE LAMMSPIESSE

Das Fleisch in eine große Schüssel geben und mit Essig, Salz, Knoblauch- und Ingwerpaste mischen. Die Schüssel mit Frischhaltefolie abdecken und für 30 Minuten in den Kühlschrank stellen.

Joghurt und Kichererbsenmehl in einer weiteren Schüssel verrühren. Kreuzkümmel, Garam masala, Chilipulver, Kurkuma und Öl zufügen und gut vermischen. Joghurtmischung, Paprika und Schalotten mit dem Lammfleisch verrühren. Die Schüssel erneut abdecken und das Fleisch 2–3 Stunden oder über Nacht im Kühlschrank marinieren. Aus dem Kühlschrank nehmen (das Fleisch sollte vor dem Grillen Zimmertemperatur haben).

Den Backofengrill vorheizen. Eine Fettpfanne mit Alufolie auslegen. Den Grillrost und 4 lange Holz- oder Metallspieße mit etwas Öl bestreichen.

Fleischwürfel, Paprika und Schalotten abwechselnd auf die Spieße stecken. Auf den Rost legen, die Fettpfanne darunter platzieren und 4 Minuten grillen. Großzügig mit der Hälfte der zerlassenen Butter bestreichen und weitere 2 Minuten grillen. Dann die Spieße wenden und nochmals 3–4 Minuten grillen. Mit der restlichen zerlassenen Butter bestreichen und weitere 2 Minuten grillen.

Die Spieße aus dem Ofen nehmen und 5–6 Minuten ruhen lassen. Heiß mit den Zitronenspalten servieren.

Für 4 Personen

700 g entbeinte Lammkeule, in 2,5 cm große Würfel geschnitten

2 EL Rotweinessig

½ TL Salz, oder nach Belieben

1 EL Knoblauchpaste

1 EL Ingwerpaste

120 g Naturjoghurt (10 % Fett)

1 EL Kichererbsenmehl

1 TL gemahlener Kreuzkümmel

1 TL Garam masala

½–1 TL Chilipulver

½ TL Kurkuma

3 EL Oliven- oder Sonnenblumenöl, plus 1 EL mehr zum Bestreichen

½ rote Paprika, in 2,5 cm große Würfel geschnitten

½ grüne Paprika, in 2,5 cm große Würfel geschnitten

8 Schalotten, halbiert

50 g Butter, zerlassen

Zitronenspalten, zum Servieren

SCHWEINEFLEISCH VINDALOO

Für 4 Personen

2–6 getrocknete rote Chillies, in Stücke geschnitten

5 Nelken

½ Zimtstange

4 grüne Kardamomkapseln

½ TL schwarze Pfefferkörner

½ Muskatblüte

frisch gemahlene Muskatnuss

1 TL Kreuzkümmelsamen

1 ½ TL Koriandersamen

½ TL Bockshornkleesamen

2 TL Knoblauchpaste

1 EL Ingwerpaste

3 EL Apfelessig

1 EL Tamarindensaft oder Saft von einer ½ Limette

700 g entbeinte Schweinekeule, in Würfel geschnitten

75 ml Sonnenblumen- oder Olivenöl

2 große Zwiebeln, fein gehackt

300 ml warmes Wasser

1 TL Salz, oder nach Belieben

1 TL brauner Zucker

2 große Knoblauchzehen, in Scheiben geschnitten

8–10 frische oder getrocknete Curryblätter

Die ersten 10 Zutaten in eine Gewürzmühle oder einen Mörser geben und fein mahlen. In eine Schüssel geben und mit Knoblauch- und Ingwerpüree, Essig und Tamarindensaft zu einer Paste verrühren.

Das Schweinefleisch in eine große Schüssel geben und mit einem Viertel der Würzpaste einreiben. Die Schüssel abdecken und für mindestens 30–40 Minuten oder über Nacht in den Kühlschrank stellen.

4 Esslöffel Öl in einem Topf erhitzen und die Zwiebeln darin unter Rühren 8–10 Minuten leicht anbräunen. Die restliche Würzpaste zufügen und bei mittlerer Hitze unter Rühren 5–6 Minuten anbraten. 2 Esslöffel warmes Wasser einrühren und so lange köcheln lassen, bis es verdunstet ist. Weitere 2 Esslöffel Wasser einrühren und erneut kurz einkochen lassen.

Das marinierte Fleisch zufügen und 5–6 Minuten anbräunen. Salz, Zucker und das restliche Wasser zugeben, alles aufkochen lassen und die Hitze etwas reduzieren. Das Fleisch etwa 50–55 Minuten köcheln lassen, bis es gar ist.

In der Zwischenzeit das restliche Öl in einem kleinen Topf bei geringer Hitze erwärmen und die Knoblauchscheiben darin unter Rühren etwas anbräunen. Die Curryblätter zugeben und 15–20 Sekunden anbraten. In das Vindaloo einrühren und sofort servieren.

BURMESISCHES SCHWEINEFLEISCHCURRY

Für 4 Personen

700 g entbeinte Schweinekeule, in 2,5 cm große Würfel geschnitten

2 EL trockener Weißwein

1 TL Salz, oder nach Belieben

8 große Knoblauchzehen, grob gehackt

5-cm-Stück Ingwerwurzel, grob gehackt

2 frische rote Chillies, grob gehackt

1 große Zwiebel, grob gehackt

1 TL Kurkuma

½–1 TL Chilipulver

3 EL Erdnussöl

1 EL Sesamöl

200 ml warmes Wasser

1 frische grüne Chili, entkernt und in Streifen geschnitten, zum Garnieren

gegarter Basmatireis, zum Servieren

Fleisch, Wein und Salz in einer Schüssel mischen, mit Frischhaltefolie abdecken und für 1 Stunde in den Kühlschrank stellen.

Knoblauch, Ingwer, Chillies und Zwiebel in die Küchenmaschine geben und pürieren. In eine Schüssel füllen und mit Kurkuma und Chilipulver verrühren.

Beide Ölsorten in einer mittelgroßen Pfanne bei mittlerer Hitze erwärmen und die Würzpaste darin 5–6 Minuten unter Rühren andünsten. Die Hitze reduzieren und weitere 8–10 Minuten dünsten, dabei von Zeit zu Zeit mit etwas Wasser besprenkeln, damit die Paste nicht am Pfannenboden haften bleibt oder anbrennt.

Das Schweinefleisch zufügen und die Hitze etwas erhöhen. Das Fleisch rundum anbräunen. Mit dem warmen Wasser ablöschen und zum Kochen bringen. Die Hitze etwas reduzieren und die Pfanne bedecken. Das Fleisch etwa 1 Stunde und 10 Minuten köcheln lassen; dabei während der letzten 15–20 Minuten gelegentlich rühren, damit die angedickte Sauce nicht anbrennt. Vom Herd nehmen, das Gericht auf Servierteller oder -schalen verteilen und mit den Chili-Streifen garnieren. Sofort mit Basmatireis servieren.

PAD THAI

Für 4 Personen

250 g Reisbandnudeln

2 EL Erdnuss- oder Pflanzenöl

4 Frühlingszwiebeln, grob gehackt

2 Knoblauchzehen, zerdrückt

2 frische rote Chillies, entkernt und in Ringe geschnitten

250 g Schweinefilet, in dünne Scheiben geschnitten

120 g gegarte Garnelen, ausgelöst, aber mit Schwanzenden

Saft von 1 Limette

2 EL thailändische Fischsauce

2 Eier, verquirlt

50 g frische Bohnensprossen

1 Handvoll Korianderblätter, gehackt

50 g ungesalzene Erdnüsse, gehackt

Salzwasser in einem großen Topf zum Kochen bringen und die Nudeln darin etwa 10 Minuten oder nach Packungsanleitung garen. Abgießen, unter fließend kaltem Wasser abschrecken und gut abtropfen lassen. Beiseitestellen.

Das Öl im Wok erhitzen. Frühlingszwiebeln, Knoblauch und Chillies zugeben und bei mittlerer Hitze unter Rühren 1–2 Minuten anbraten. Das Fleisch zufügen und 1–2 Minuten rundum anbräunen.

Garnelen, Limettensaft, Fischsauce und Eier einrühren und 2–3 Minuten pfannenrühren, bis die Eier gestockt und die Garnelen heiß sind.

Bohnensprossen, den Großteil des Korianders, Erdnüsse und Nudeln zugeben und kurz pfannenrühren. Das Gericht auf Servierschalen verteilen, mit dem restlichen Koriander garnieren und sofort servieren.

SCHWEINEFLEISCH MIT PAPRIKANUDELN

Currypaste und Sojasauce in einer Schüssel verrühren und das Filet damit bestreichen. Mit Frischhaltefolie abdecken und für 1 Stunde in den Kühlschrank stellen.

Den Backofen auf 200 °C vorheizen. Das Filet auf ein Backblech legen und etwa 20–25 Minuten im Ofen garen. Aus dem Ofen nehmen, mit Alufolie abdecken und 15 Minuten ruhen lassen.

In der Zwischenzeit Salzwasser in einem großen Topf zum Kochen bringen und die Nudeln darin nach Packungsanleitung garen. Abgießen, unter fließend kaltem Wasser abspülen und abtropfen lassen. Beiseitestellen.

Das Öl im Wok erhitzen. Zwiebel, Ingwer und Knoblauch zugeben und bei mittlerer Hitze unter Rühren 1–2 Minuten anbraten. Beide Paprikasorten sowie Pfeffer zufügen und 2–3 Minuten pfannenrühren.

Den Schnittlauch und den Großteil des Korianders untermischen.

Die Nudeln zugeben, kurz pfannenrühren und auf 2 Servierschalen verteilen. Das Filet in dünne Scheiben schneiden und auf den Nudeln anrichten. Mit dem restlichen Koriander bestreuen und sofort servieren.

Für 2 Personen

1 EL rote Thai-Currypaste

2 EL Sojasauce

350 g Schweinefilet

250 g dünne chinesische Eiernudeln

2 EL Erdnuss- oder Pflanzenöl

1 rote Zwiebel, gehackt

2,5-cm-Stück Ingwerwurzel, fein gehackt

1 Knoblauchzehe, fein gehackt

1 orangefarbene Paprika, in kleine Würfel geschnitten

1 rote Paprika, in kleine Würfel geschnitten

1 EL frisch gemahlener schwarzer Pfeffer

1 kleines Bund Schnittlauch, gehackt

1 Handvoll Korianderblätter, gehackt

HÜHNCHEN JALFREZI

Für 4 Personen

- 700 g Hähnchenbrustfilet, in 2,5 cm große Würfel geschnitten
- Saft von einer ½ Zitrone
- 1 TL Salz, oder nach Belieben
- 75 ml Sonnenblumen- oder Olivenöl
- 1 große Zwiebel, fein gehackt
- 2 TL Knoblauchpaste
- 2 TL Ingwerpaste
- ½ TL Kurkuma
- 1 TL gemahlener Kreuzkümmel
- 2 TL gemahlener Koriander
- ½–1 TL Chilipulver
- 150 g gehackte Tomaten aus der Dose
- 150 ml warmes Wasser
- 1 große Knoblauchzehe, gehackt
- 1 kleine rote Paprika, in 2,5 cm große Würfel geschnitten
- 1 kleine grüne Paprika, in 2,5 cm große Würfel geschnitten
- 1 TL Garam masala
- Naan-Brot oder gegarter Basmatireis, zum Servieren

Hühnerfleisch, Zitronensaft und Salz in eine Schüssel geben und gut vermengen. Die Schüssel mit Frischhaltefolie abdecken und für mindestens 20 Minuten oder über Nacht in den Kühlschrank stellen.

4 Esslöffel Öl in einem mittelgroßen Topf bei mittlerer Hitze erwärmen und die Zwiebel darin unter Rühren leicht anbräunen. Knoblauch- und Ingwerpaste zufügen und unter Rühren 3 Minuten andünsten. Kurkuma, Kreuzkümmel, Koriander und Chilipulver zufügen und 1 Minute anrösten. Dann die Tomaten zugeben und 2–3 Minuten unter Rühren dünsten, bis das Öl aus der Gewürzpaste austritt.

Nun das Fleisch einrühren und die Hitze leicht erhöhen. Das Fleisch rundum anbräunen, mit dem Wasser ablöschen und zum Kochen bringen. Die Hitze reduzieren und den Topf bedecken. Das Fleisch etwa 25 Minuten köcheln lassen, bis es ganz gar ist.

Das restliche Öl in einem kleinen Topf oder einer Pfanne bei geringer Hitze erwärmen und den Knoblauch darin unter Rühren anbräunen. Rote und grüne Paprika zufügen und 2 Minuten andünsten. Das Garam masala zugeben und gut verrühren. Die Paprikamischung unter das Curry heben. Vom Herd nehmen, auf Teller verteilen und mit Naan-Brot oder Basmatireis servieren.

HÜHNCHEN MIT APRIKOSEN & KICHERERBSEN

Für 4 Personen

2 EL Sonnenblumen- oder Olivenöl

1 großes Hühnchen, in 8 große Stücke zerlegt oder 8 Hähnchenoberschenkel

2 große Zwiebeln, in Ringe geschnitten

2 große Knoblauchzehen, zerdrückt

2 TL gemahlener Koriander

1 ½ TL Ingwerpulver

1 ½ TL gemahlener Kreuzkümmel

1 Prise getrocknete Chiliflocken (nach Belieben)

400 g getrocknete Aprikosen, über Nacht in 300 ml Orangensaft eingeweicht

400 g Kichererbsen aus der Dose, abgespült und abgetropft

1 große Prise Safranfäden

1 eingelegte Zitrone, abgespült und in Scheiben geschnitten

30 g Mandelblättchen, geröstet

frische Koriander- oder Petersilienzweige, zum Garnieren

gegarter Couscous, zum Servieren

Das Öl in einer Kasserolle bei mittlerer Hitze erwärmen und das Hähnchenfleisch darin, eventuell portionsweise, von jeder Seite 3–5 Minuten goldbraun anbraten. Aus dem Topf nehmen und beiseitestellen.

Das Öl bis auf etwa 2 Esslöffel aus dem Topf entfernen. Die Zwiebeln in den Topf geben und 4 Minuten glasig dünsten. Den Knoblauch zufügen und kurz mitdünsten. Koriander, Ingwer, Kreuzkümmel und nach Belieben Chiliflocken zugeben und 1 Minute unter Rühren anbraten.

Das Fleisch zurück in die Kasserolle geben und gut mit Wasser bedecken. Zum Kochen bringen, dann die Hitze reduzieren und 20 Minuten köcheln lassen. Aprikosen, Kichererbsen und Safran zufügen und weitere 10 Minuten köcheln, bis die Hähnchenstücke gar sind.

Fleisch, Aprikosen und Kichererbsen auf einen Servierplatte geben und warm halten. Den Sud im Topf zum Kochen bringen und unter gelegentlichem Rühren auf die Hälfte reduzieren. Den Sud über das Hähnchenfleisch gießen, die eingelegte Zitrone zufügen und alles mit den Mandelblättchen bestreuen. Auf Servierteller verteilen, mit Korianderzweigen garnieren und mit Couscous servieren.

GRÜNES HÜHNCHENCURRY

Für 4 Personen

2 EL Erdnuss- oder Sonnenblumenöl

2 EL grüne Thai-Currypaste

500 g Hähnchenbrustfilet, gewürfelt

2 Kaffir-Limettenblätter, zerzupft

1 Stängel Zitronengras, fein gehackt

250 ml Kokosmilch

16 Babyauberginen, halbiert

2 EL thailändische Fischsauce

frisches Thai-Basilikum und in dünne Streifen geschnittene Kaffir-Limettenblätter, zum Garnieren

Das Öl in einem Wok oder einer großen Pfanne erhitzen und die Currypaste darin kurz anbraten, damit sich die Aromen entfalten.

Hähnchenfleisch, Limettenblätter und Zitronengras zufügen und 3–4 Minuten pfannenrühren, bis das Fleisch rundum angebräunt ist. Kokosmilch und Auberginen zugeben und 8–10 Minuten köcheln lassen, bis Fleisch und Gemüse gar sind.

Die Fischsauce einrühren und das Gericht auf Servierschalen verteilen. Mit Thai-Basilikum und Limettenblättern garnieren und sofort servieren.

HÜHNCHENCURRY PANANG

Das Öl in einem Wok erhitzen und die Zwiebeln darin 1 Minute unter Rühren andünsten. Die Currypaste zufügen und 1–2 Minuten unter Rühren anbraten.

Mit Kokosmilch und Brühe ablöschen. Limettenblätter und Zitronengras einrühren und 1 Minute köcheln lassen. Das Hähnchenfleisch zufügen, alles zum Kochen bringen und etwa 8–10 Minuten köcheln lassen, bis das Fleisch gar ist.

Fischsauce, Sojasauce und Zucker unterrühren und weitere 1–2 Minuten köcheln lassen. Erdnüsse, Ananas und Gurke zufügen und 30 Sekunden mitköcheln lassen. Das Gericht auf Servierschalen verteilen, mit Erdnüssen bestreuen und sofort mit Gurke servieren.

Für 4 Personen

1 EL Erdnuss- oder Pflanzenöl

2 rote Zwiebeln, in Ringe geschnitten

2 EL Panang-Currypaste

400 ml Kokosmilch

150 ml Hühnerbrühe

4 Kaffir-Limettenblätter, zerzupft

1 Stängel Zitronengras, fein gehackt

6 Hähnchenschenkel ohne Haut und ohne Knochen

1 EL thailändische Fischsauce

2 EL helle Sojasauce

1 TL Palmzucker oder brauner Zucker

50 g ungesalzene Erdnüsse, geröstet und gehackt, plus etwas mehr zum Garnieren

175 g frische Ananas, grob gehackt

15-cm-Stück Gurke, längs halbiert, geschält, entkernt und in dicke Scheiben geschnitten, plus etwas mehr zum Servieren

CAJUN-HÜHNCHEN

Für 4 Personen

4 Hähnchenschenkel, zerlegt in Ober- und Unterkeule

2 Maiskolben, in Stücke geschnitten

80 g Butter, zerlassen

Gewürzmischung

2 TL Zwiebelpulver

2 TL Paprikapulver

1 ½ TL Salz

1 TL Knoblauchpulver

1 TL getrockneter Thymian

1 TL Cayennepfeffer

1 TL frisch gemahlener schwarzer Pfeffer

½ TL frisch gemahlener weißer Pfeffer

1 Prise gemahlener Kreuzkümmel

Den Holzkohlegrill anheizen. Mit einem scharfen Messer die Haut der Hähnchenschenkel jeweils zwei- bis dreimal diagonal einritzen. Das Fleisch zusammen mit den Maiskolbenstücken in eine Schüssel geben.

Für die Gewürzmischung alle Zutaten sorgfältig verrühren. Fleisch und Maiskolben mit der zerlassenen Butter übergießen, mit der Gewürzmischung bestreuen und gut darin wenden.

Die Schenkel über mittlerer Glut etwa 25 Minuten unter gelegentlichem Wenden grillen. Die Maisstücke nach 10 Minuten mit auf den Rost legen und goldbraun grillen. Fleisch und Maiskolben auf vorgewärmten Tellern anrichten und sofort servieren.

HÜHNCHENCURRY AUS SRI LANKA

Hühnchenfleisch, Salz und Essig in eine große Schüssel geben und gut vermengen. Mit Frischhaltefolie abdecken und für 30 Minuten in den Kühlschrank stellen.

Eine kleine Pfanne bei mittlerer Hitze erwärmen und Koriander- und Kreuzkümmelsamen, Zimt, Nelken, Kardamom, Bockshornkleesamen, Chillies und Curryblätter darin rösten, bis sie etwas anbräunen, jedoch nicht schwarz geworden sind. Vom Herd nehmen und abkühlen lassen. In eine Gewürzmühle oder den Mörser geben und fein mahlen. Beiseitestellen.

Das Öl in einem mittelgroßen Topf erhitzen und die Zwiebel darin bei mittlerer Hitze glasig dünsten. Ingwer- und Knoblauchpaste zufügen und 2 Minuten anbraten.

Kurkuma, Chilipulver, Fleisch und die gemahlenen Gewürze zugeben. Gut mischen, dann Zitronengras, Tomaten und warmes Wasser unterrühren. Zum Kochen bringen, die Hitze reduzieren und den Topf bedecken. Alles 25 Minuten köcheln lassen.

Die Kokoscreme zugeben und so lange rühren, bis sie sich aufgelöst hat. Weitere 7–8 Minuten köcheln lassen, dann den Topf vom Herd nehmen. Sofort mit Basmatireis servieren.

Für 4 Personen

700 g Hähnchenbrustfilet, in 5 cm große Würfel geschnitten

1 TL Salz, oder nach Belieben

2 EL Weißweinessig

2 TL Koriandersamen

1 TL Kreuzkümmelsamen

2,5-cm-Stück Zimtstange

4 Nelken

4 grüne Kardamomkapseln

½ TL Bockshornkleesamen

4 getrocknete rote Chillies, in Stücke geschnitten

10–12 Curryblätter

4 EL Sonnenblumen- oder Olivenöl

1 große Zwiebel, fein gehackt

2 TL Ingwerpaste

2 TL Knoblauchpaste

1 TL Kurkuma

½ TL Chilipulver

1 Stängel Zitronengras, fein gehackt

200 g gehackte Tomaten aus der Dose

150 ml warmes Wasser

50 g Kokoscreme, in kleine Stücke geschnitten

gegarter Basmatireis, zum Servieren

HÜHNCHEN AUF KARIBISCHE ART

Für 4 Personen

4 magere Hühnchenteile

1 Bund Frühlingszwiebeln

1–2 frische Scotch-Bonnet-Chillies, entkernt

1 Knoblauchzehe

5-cm-Stück Ingwerwurzel, grob gehackt

½ TL getrockneter Thymian

½ TL Paprikapulver

¼ TL gemahlener Piment

1 Prise Zimt

1 Prise gemahlene Nelken

4 EL Weißweinessig

3 EL helle Sojasauce

frisch gemahlener schwarzer Pfeffer

Die Hähnchenteile abspülen, mit Küchenpapier trocken tupfen und in eine flache Form geben.

Für die Gewürzmischung alle Zutaten in die Küchenmaschine geben und glatt pürieren. Über die Hähnchenteile geben und diese mehrmals darin wenden. Die Form mit Frischhaltefolie abdecken und für 24 Stunden in den Kühlschrank stellen.

Die Hähnchenteile aus der Marinade heben und über mittlerer Glut etwa 30 Minuten unter gelegentlichem Wenden grillen, bis das Fleisch gar ist; dabei regelmäßig mit der Marinade bestreichen. Auf Serviertellern anrichten und sofort servieren.

BRATHÄHNCHEN MIT KREUZKÜMMELBUTTER

Für 4 Personen

100 g weiche Butter

½ EL Kreuzkümmelsamen, leicht zerstoßen

½ eingelegte Zitrone, fein gehackt

1 große Knoblauchzehe, zerdrückt

Salz und Pfeffer

1 Poularde (etwa 1,5 kg)

geröstetes Gemüse, zum Servieren

Den Backofen auf 220 °C vorheizen. Butter, Kreuzkümmelsamen, eingelegte Zitrone und Knoblauch in einer Schüssel verrühren und mit Salz und Pfeffer abschmecken. Die Poulardenhaut an Brust und Schenkeln mit den Fingern etwas lösen. Den größten Teil der Würzbutter unter die Poulardenhaut schieben und gleichmäßig auf dem Fleisch verteilen. Die Haut der Poularde mit der restlichen Würzbutter bestreichen.

Die Poularde in einen Bräter setzen und etwa 20 Minuten im Ofen backen. Die Ofentemperatur auf 180 °C reduzieren und die Poularde weitere 50–55 Minuten backen, bis das Fleisch gar ist und beim Anstechen an der dicksten Stelle nur klarer Fleischsaft austritt. Die Poularde auf eine vorgewärmte Servierplatte legen, locker mit Alufolie bedecken und 15 Minuten ruhen lassen.

Den größten Teil des Fetts aus dem Bräter gießen. Den Bräter auf die Herdplatte stellen und den Sud zum Kochen bringen; dabei den Bratensatz mit einem Löffel vom Boden lösen. So lange köcheln lassen, bis der Sud etwas andickt. Die Poularde tranchieren und den Bratensud darübergießen. Mit geröstetem Gemüse servieren.

CHILIHÜHNCHEN

Für 4 Personen

750 g Hähnchenoberschenkel

3 EL Zitronensaft

1 TL Salz, oder nach Belieben

5 große Knoblauchzehen, grob gehackt

5-cm-Stück Ingwerwurzel, grob gehackt

1 Zwiebel, grob gehackt

2 frische rote Chillies, grob gehackt

4 EL Erdnussöl

1 TL Kurkuma

½ TL Chilipulver

150 ml warmes Wasser

3–4 frische grüne Chillies

gegarter Basmatireis, zum Servieren

Hähnchenfleisch, Zitronensaft und Salz in eine große Schüssel geben und gut vermengen. Mit Frischhaltefolie abdecken und für 30 Minuten in den Kühlschrank stellen.

In der Zwischenzeit Knoblauch, Ingwer, Zwiebel und rote Chillies in die Küchenmaschine geben und fein pürieren. Falls die Paste zu fest wird, etwas Wasser zufügen, damit sie sich besser pürieren lässt.

Das Öl in einer großen beschichteten Pfanne bei mittlerer Hitze erwärmen. Die Hähnchenschenkel in 2 Portionen hineingeben und rundum anbräunen. Auf Küchenpapier abtropfen lassen.

Gewürzpaste, Kurkuma und Chilipulver in die Pfanne geben und 5–6 Minuten unter Rühren anbraten.

Hühnchenschenkel und warmes Wasser zugeben und verrühren. Die Sauce zum Kochen bringen und die Hitze reduzieren. Die Pfanne bedecken und alles etwa 20 Minuten köcheln lassen. Die Hitze etwas erhöhen und alles weitere 8–10 Minuten köcheln lassen; dabei darauf achten, dass die angedickte Sauce nicht am Pfannenboden haften bleibt.

Den Deckel abnehmen und alles so lange köcheln lassen, bis die Sauce eine pastenähnliche Konsistenz erreicht hat; dabei weiterhin regelmäßig rühren. Die grünen Chillies zufügen, weitere 2–3 Minuten garen und die Pfanne vom Herd nehmen. Die Hühnchenschenkel sofort mit Sauce und Basmatireis servieren.

HUHN NACH SÜDSTAATENART

Für 4 Personen

75 ml Maiskeimöl

4 große Hühnerteile

50 g Mehl

1 Zwiebel, gehackt

2 Selleriestangen, in Scheiben geschnitten

1 grüne Paprika, in Würfel geschnitten

2 Knoblauchzehen, fein gehackt

2 TL frisch gehackter Thymian, plus etwas mehr zum Garnieren

2 frische rote Chillies, entkernt und fein gehackt

400 g gehackte Tomaten aus der Dose

300 ml Hühnerbrühe

Salz und Pfeffer

Das Öl in einem großen Topf erhitzen und die Hühnerteile darin bei mittlerer Hitze 5–10 Minuten rundum anbräunen. Auf einen Teller heben und beiseitestellen.

Das Mehl in das Öl im Topf einrühren und bei geringer Hitze goldbraun anschwitzen. Zwiebel, Sellerie und Paprika zufügen und 2 Minuten unter Rühren dünsten. Knoblauch, Thymian und Chillies zugeben und 1 Minute mitdünsten.

Die Tomaten unterrühren und die Brühe zugießen. Die Hühnerteile zurück in den Topf geben, diesen bedecken und alles 45 Minuten köcheln lassen, bis das Fleisch gar ist. Das Gericht mit Salz und Pfeffer abschmecken und auf vorgewärmte Teller verteilen. Mit Thymian garnieren und sofort servieren.

GEBRATENE STUBENKÜKEN

Für 4 Personen

4 küchenfertige Stubenküken (à 350–500 g)

4 Stängel Zitronengras

4 Kaffir-Limettenblätter

4 Scheiben Ingwerwurzel

etwa 90 ml Kokosmilch, zum Bestreichen

frische Korianderblätter und Limettenspalten, zum Garnieren

gegarter Basmatireis, zum Servieren

Marinade

4 Knoblauchzehen, geschält

2 frische Korianderzweige

1 EL helle Sojasauce

Salz und Pfeffer

Den Backofen auf 190 °C vorheizen. Die Stubenküken abspülen und mit Küchenpapier trocken tupfen.

Für die Marinade alle Zutaten in der Küchenmaschine oder im Mörser zu einer glatten Paste verarbeiten.

Die Stubenküken gleichmäßig mit der Marinade bestreichen und diese leicht andrücken.

Je 1 Stängel Zitronengras, 1 Limettenblatt und 1 Scheibe Ingwer in die Stubenküken füllen.

Die Küken in einen Bräter geben, mit der Hälfte der Kokosmilch bestreichen und etwa 30 Minuten im Ofen braten.

Die Küken mit der restlichen Kokosmilch bestreichen und je nach Größe der Stubenküken weitere 15–25 Minuten braten, bis sie goldbraun und knusprig sind. Die Küken sind gar, wenn beim Einstechen in die dickste Stelle nur klarer Fleischsaft austritt.

Die fertig gebratenen Stubenküken auf einer Servierplatte anrichten und mit dem Bratensud übergießen. Mit Korianderblättern und Limettenspalten garnieren und mit Reis servieren.

PUTENBRUST MEXIKANISCHER ART

Das Mehl auf einem Teller verteilen und mit Salz und Pfeffer würzen. Die Putenbrustfilets darin wälzen und das überschüssige Mehl abschütteln.

Das Öl in einer Kasserolle erhitzen und die Putenbrustfilets darin bei mittlerer Hitze 5–10 Minuten goldbraun anbraten, dabei gelegentlich wenden. Die Filets auf einen Teller heben und beiseitestellen.

Zwiebel und Paprika in die Kasserolle geben und bei geringer Hitze 5 Minuten unter gelegentlichem Rühren weich dünsten. Dann das Gemüse mit dem übrig gebliebenen Mehl bestäuben und 1 weitere Minute unter Rühren dünsten. Nach und nach die Brühe zugießen, dann Sultaninen, Tomaten, Chilipulver, Zimt, Kreuzkümmel und Schokolade einrühren. Mit Salz und Pfeffer abschmecken und unter Rühren aufkochen.

Den Backofen auf 160 °C vorheizen. Das Fleisch zurück in die Kasserolle geben und diese bedecken. Etwa 50 Minuten im Ofen schmoren. Das Gericht auf Servierteller verteilen, mit Korianderzweigen garnieren und sofort servieren.

Für 4 Personen

50 g Mehl

Salz und Pfeffer

4 Putenbrustfilets

3 EL Sonnenblumenöl

1 Zwiebel, in dünne Ringe geschnitten

1 rote Paprika, in Streifen geschnitten

300 ml Hühnerbrühe

25 g Sultaninen

4 Tomaten, geschält, entkernt und in Würfel geschnitten

1 TL Chilipulver

½ TL Zimt

1 Prise gemahlener Kreuzkümmel

25 g Zartbitterschokolade, fein gehackt oder gerieben

frische Korianderzweige, zum Garnieren

PUTENPFANNE MIT CASHEWKERNEN

Für 4 Personen

1 EL Speisestärke

½ TL Fünf-Gewürze-Pulver

4 Putenschnitzel, in dünne Streifen geschnitten

1 TL Sojasauce

1 TL trockener Sherry

3 EL Erdnussöl

1 Knoblauchzehe, fein gehackt

2,5-cm-Stück Ingwerwurzel, grob gehackt

4 Frühlingszwiebeln, in dünne Streifen geschnitten

1 große Karotte, in Stifte geschnitten

80 g Cashewkerne

2 EL Hoisin-Sauce

½ TL Salz

Frühlingszwiebelstreifen, zum Garnieren

gegarter Reis, zum Servieren

Speisestärke und Fünf-Gewürze-Pulver in einer Schüssel mischen. Das Putenfleisch zugeben und darin wenden. Sojasauce und Sherry zugeben und alles gut vermengen. Mit Frischhaltefolie abdecken und für 30 Minuten in den Kühlschrank stellen.

Etwa 2 Esslöffel Öl in einen Wok oder einer großen Pfanne erhitzen und das Putenfleisch samt Marinade darin 2–3 Minuten pfannenrühren, bis es gar ist. Das Fleisch mit einem Schaumlöffel aus dem Wok auf einen Teller heben und warm halten.

Das restliche Öl im Wok erhitzen und Knoblauch, Ingwer, Frühlingszwiebeln und Karotte darin 1 Minute pfannenrühren. Putenfleisch, Cashewkerne, Hoisin-Sauce und Salz unterrühren. Die Hitze etwas reduzieren und alles 1 weitere Minute unter Rühren anbraten. Das Gericht auf Servierschalen verteilen, mit Frühlingszwiebelstreifen garnieren und mit Reis servieren.

ENTENBRUST MIT CHILI & LIMETTE

Mit einem kleinen scharfen Messer die Entenbrusthaut rautenförmig einschneiden und die Entenbrüste nebeneinander in eine große flache Schale legen.

Für die Marinade alle Zutaten in einer Schüssel verrühren und die Entenbrüste gleichmäßig damit bestreichen. Die Schale mit Frischhaltefolie abdecken und für 3 Stunden oder über Nacht in den Kühlschrank stellen.

Die Marinade in eine kleine Schüssel abgießen. Das Öl in einer großen Pfanne erhitzen und die Entenbrüste mit der Hautseite nach unten 5 Minuten darin anbraten. Sobald die Haut braun und knusprig ist, das Fett aus der Pfanne abgießen und die Entenbrüste wenden.

Die Entenbrüste weitere 2–3 Minuten anbraten. Die zurückbehaltene Marinade mit Pflaumenmus und Hühnerbrühe verrühren und zu dem Fleisch in die Pfanne gießen. Etwa 2 Minuten köcheln und mit Salz und Pfeffer abschmecken. Die Entenbrüste auf Servierteller verteilen und mit dem Bratensud übergießen. Sofort mit Reis und Limettenspalten servieren.

Für 4 Personen

4 Entenbrüste, entbeint
1 TL Pflanzenöl
2 EL Pflaumenmus
120 ml Hühnerbrühe
Salz und Pfeffer
gegarter Reis und Limettenspalten, zum Servieren

Marinade

2 Knoblauchzehen, zerdrückt
4 TL brauner Zucker
3 EL Limettensaft
1 EL Sojasauce
1 TL Chilisauce

ENTEN-JAMBALAYA

Für 4 Personen

4 Entenbrüste ohne Haut (à 150 g)

2 EL Olivenöl

250 g geräucherter Schinken, in kleine Würfel geschnitten

250 g Chorizo, die Haut entfernt

1 Zwiebel, gehackt

3 Knoblauchzehen, gehackt

3 Selleriestangen, gehackt

1–2 frische rote Chillies, entkernt und gehackt

1 grüne Paprika, in kleine Würfel geschnitten

600 ml Hühnerbrühe

1 EL frisch gehackter Oregano

400 g gehackte Tomaten aus der Dose

1–2 TL scharfe Chilisauce, oder nach Belieben

frisch gehackte glatte Petersilie, zum Garnieren

grüner Salat und gegarter Langkornreis, zum Servieren

Die Entenbrüste in mundgerechte Stücke schneiden.

Die Hälfte des Öls in einem großem Topf erhitzen und Entenbrüste, Schinken und Chorizo darin bei starker Hitze unter Rühren 5 Minuten scharf anbraten. Mit einem Schaumlöffel auf einen Teller heben.

Zwiebel, Knoblauch, Sellerie und Chillies in den Topf geben und bei mittlerer Hitze unter Rühren 5 Minuten andünsten. Die Paprika zufügen, dann Brühe, Oregano, Tomaten und Chilisauce einrühren.

Aufkochen, die Hitze reduzieren und Fleisch, Schinken und Chorizo zurück in den Topf geben. Den Topf bedecken und alles unter gelegentlichem Rühren etwa 20 Minuten köcheln lassen, bis das Fleisch gar ist.

Das Gericht auf Servierteller verteilen, mit Petersilie garnieren und mit grünem Salat und Reis servieren.

PIKANT

Fisch & Meeresfrüchte

FISCH NACH YUCATAN-ART

Die Annatto-Samen abgießen und in einem Mörser zu einer Paste zerstoßen. Knoblauch, Chili- und Paprikapulver, Kreuzkümmel, Oregano, Bier oder Tequila, Limetten- und Orangensaft, Öl, Koriander, Zimt und Nelken zugeben und gut vermengen.

Die Fischsteaks mit der Paste bestreichen, mit Frischhaltefolie abdecken und für mindestens 3 Stunden oder über Nacht im Kühlschrank marinieren.

Die Fischsteaks in die Bananenblätter wickeln und mit etwas Küchengarn verschnüren. Etwas Wasser in einem Topf mit Dämpfeinsatz zum Kochen bringen und die Fischpäckchen in den Dämpfeinsatz legen. Etwa 15 Minuten dämpfen, bis der Fisch gar ist.

Alternativ die Fischsteaks ohne Bananenblatt auf den Holzkohlegrill legen und von jeder Seite etwa 5–6 Minuten grillen, bis sie gar sind. Die Fischsteaks können auch im Backofengrill von jeder Seite etwa 5–6 Minuten gegart werden.

Die Schwerfischsteaks auf Tellern anrichten und mit den Orangenspalten servieren.

Für 8 Personen

4 EL Annatto-Samen (im Feinkosthandel erhältlich), über Nacht in Wasser eingeweicht

3 Knoblauchzehen, fein gehackt

1 EL mildes Chilipulver

1 EL Paprikapulver

1 TL gemahlener Kreuzkümmel

½ TL getrockneter Oregano

2 EL Bier oder Tequila

Saft von 1 Limette und 1 Orange oder 3 EL Ananassaft

2 TL Olivenöl

2 EL frisch gehackter Koriander

¼ TL Zimt

¼ TL gemahlene Nelken

1 kg Schwertfischsteak

Bananenblätter, zum Einwickeln (nach Belieben)

Orangenspalten, zum Servieren

MEERBRASSE MIT CHILI & INGWER

Für 4 Personen

500 g Meerbrassenfilet

1 Knoblauchzehe, fein gehackt

1 kleine frische rote Chili, entkernt und fein gehackt

2 EL thailändische Fischsauce

3 EL Zitronensaft

100 ml Fischfond

3 Frühlingszwiebeln, fein gehackt

1 EL fein abgeriebene Zitronenschale

1 EL frisch geriebener Ingwer

gegarte chinesische Eiernudeln und Zitronenspalten, zum Seriveren

Die Fischfilets unter fließend kaltem Wasser abspülen und mit Küchenpapier trocken tupfen. Die Filets auf jeder Seite mehrmals diagonal einschneiden und auf eine große hitzebeständige Servierplatte legen.

Knoblauch, Chili, Fischsauce, Zitronensaft und Fischfond in einer Schüssel verrühren und über die Fischfilets gießen. Frühlingszwiebeln, Zitronenschale und Ingwer darüber verteilen.

Einen großen Wok 4 cm hoch mit Wasser füllen und dieses zum Kochen bringen. Einen Rost oder Dreifuß aus Metall hineinsetzen, die Platte mit dem Fisch daraufsetzen und den Wok bedecken. (Achten Sie darauf, dass das Wasser nicht die Fischfilets erreicht und diese gedämpft, jedoch nicht gekocht werden.) Die Hitze reduzieren und den Fisch etwa 10 Minuten dämpfen, bis er gar ist.

Die Fischfilets auf Servierteller verteilen und mit Nudeln und Zitronenspalten servieren.

WOLFSBARSCH SÜSSSAUER

Aus Backpapier und Alufolie jeweils 2 Quadrate mit 40 cm Seitenlänge schneiden.

Für die Sauce Ananas- und Tomatensaft, Zucker, Rotweinessig und Sternanis in einem Topf erhitzen und 1–2 Minuten köcheln lassen. Die Speisestärke unterrühren und die Sauce unter Rühren etwas andicken lassen. Durch ein feines Haarsieb in eine Schüssel gießen und abkühlen lassen.

In einer Schüssel Pak Choi, Sprossen, Pilze und Frühlingszwiebeln vermengen. Ingwer und Zitronengras unterrühren.

Den Backofen auf 200 °C vorheizen. Die Backpapierquadrate auf die Folienquadrate legen und zu Dreiecken falten. Die Dreiecke wieder öffnen und die Gemüsemischung in die Mitte geben. Die Sauce darauf verteilen, die Fischfilets daraufsetzen und mit dem Sesam bestreuen. Backpapier und Folie so über die Fischfilets falten, dass Dreiecke entstehen, und die Ränder fest zusammendrücken.

Die Päckchen auf ein Backblech setzen und etwa 10 Minuten im Ofen garen, bis der Dampf sie aufbläht. Die Päckchen auf Teller verteilen und am Tisch aufschneiden.

Für 2 Personen

60 g Pak Choi, in Streifen geschnitten

40 g Bohnensprossen

40 g Shiitake-Pilze, in Streifen geschnitten

40 g Austernpilze, in Streifen geschnitten

20 g Frühlingszwiebeln, in feine Ringe geschnitten

1 TL frisch geriebener Ingwer

1 EL fein geschnittenes Zitronengras

2 Wolfsbarschfilets (à 90 g)

2 TL Sesamsaat, geröstet

Süßsaure Sauce

90 ml Ananassaft

90 ml Tomatensaft

1 EL Zucker

1 EL Rotweinessig

2 Sternanis, zerdrückt

1 EL Speisestärke, in etwas kaltem Wasser aufgelöst

THUNFISCHSTEAKS MIT CHILI-SALSA

Für 4 Personen

4 Thunfischsteaks (à 175 g)

abgeriebene Schale und Saft von 1 Limette

2 EL Olivenöl

Salz und Pfeffer

frische Korianderzweige, zum Garnieren

Chili-Salsa

2 orangefarbene Paprika

1 EL Olivenöl

Saft von 1 Limette

Saft von 1 Orange

2 frische rote Chillies, entkernt und gehackt

1 Prise Cayennepfeffer

Salz und Pfeffer

Die Thunfischsteaks gründlich unter fließend kaltem Wasser abspülen, mit Küchenpapier trocken tupfen und in eine große flache Schale geben. Limettenschale, -saft und Öl über den Fisch geben und mit Salz und Pfeffer würzen. Mit Frischhaltefolie abdecken und bis zu 1 Stunde im Kühlschrank marinieren.

Den Holzkohlegrill anheizen. Für die Salsa die Paprika mit dem Öl bestreichen und über den heißen Kohlen unter mehrfachem Wenden 10 Minuten grillen, bis die Haut schwarz geworden ist und Blasen wirft. Die Paprika leicht abkühlen lassen, dann die Haut abziehen und Strunk und Kerne entfernen. Das Fruchtfleisch in die Küchenmaschine geben, die restlichen Salsa-Zutaten zufügen und alles fein pürieren. Die Salsa in eine Schüssel füllen und mit Salz und Pfeffer abschmecken.

Die Thunfischsteaks auf den Grillrost legen und von jeder Seite 4–5 Minuten grillen. Alternativ in einer Grillpfanne oder unter dem Backofengrill garen. Die Fischsteaks auf Servierteller verteilen, mit Korianderzweigen garnieren und mit der Salsa servieren.

THUNFISCHSTEAKS SIZILIANISCHER ART

Für die Marinade alle Zutaten in einer Schüssel verrühren. Die Thunfischsteaks in eine große flache Schale legen und 4 Esslöffel der Marinade darüber verteilen. Die Schale mit Frischhaltefolie bedecken und für 30 Minuten in den Kühlschrank stellen. Die restliche Marinade beiseitestellen.

Eine Grillpfanne erhitzen. Fenchel, Zwiebeln und Öl in einer Schüssel verrühren. In die Pfanne geben und die Fenchelscheiben von jeder Seite 5 Minuten anbraten. Auf 4 vorgewärmte Servierteller verteilen, mit der restlichen Marinade beträufeln und warm halten.

Die Thunfischsteaks in die Pfanne geben und von jeder Seite 2–3 Minuten anbraten. Die Fischsteaks auf dem Fenchelgemüse verteilen und sofort servieren.

Für 4 Personen

4 Thunfischsteaks (à 150 g)

2 Fenchelknollen, längs in dicke Scheiben geschnitten

2 rote Zwiebeln, in Ringe geschnitten

2 EL Olivenöl

Marinade

125 ml natives Olivenöl extra

4 Knoblauchzehen, fein gehackt

4 rote Chillies, entkernt und fein gehackt

Saft und abgeriebene Schale von 2 Zitronen

4 EL frisch gehackte glatte Petersilie

Salz und Pfeffer

WÜRZIGER GRILLLACHS

Für 4 Personen

4 Lachssteaks (à 175–250 g)

Limettenscheiben, zum Garnieren

kleiner gemischter Salat, zum Servieren

Marinade

4 Knoblauchzehen

2 EL natives Olivenöl extra

1 Prise gemahlener Piment

1 Prise Zimt

Saft von 2 Limetten

1–2 TL Marinade von eingelegten Chipotle-Chillies oder Chipotle-Chili-Salsa aus dem Glas

¼ TL gemahlener Kreuzkümmel

1 Prise Zucker

Salz und Pfeffer

Für die Marinade den Knoblauch schälen, fein hacken und mit Öl, Piment, Zimt, Limettensaft, Chipotle-Marinade, Kreuzkümmel, Zucker, Salz und Pfeffer in einer Schüssel verrühren.

Die Lachssteaks in eine große flache Schale geben und die Marinade darübergießen. Die Fischsteaks gut in der Marinade wenden, mit Frischhaltefolie abdecken und bis zu 1 Stunde im Kühlschrank marinieren.

Den Backofengrill vorheizen. Die Lachssteaks auf den Grillrost legen und eine Fettpfanne darunterschieben. Von jeder Seite etwa 3–4 Minuten grillen, bis die Steaks gar sind. Alternativ auf dem Holzkohlegrill garen.

Die Lachssteaks auf Servierteller verteilen, mit Limettenscheiben garnieren und mit einem kleinen gemischten Salat servieren.

LACHS-KARTOFFEL-BRATLINGE

Salzwasser in einem Topf zum Kochen bringen und die Kartoffeln darin 15 Minuten garen.

In der Zwischenzeit den Lachs in einem Topf mit leicht siedendem Wasser 5–6 Minuten (falls in einem Stück) pochieren, bis der Fisch gar, aber noch saftig ist. Alternativ den Fisch in 4 gleich große Stücke schneiden und in der Mikrowelle bei mittlerer Hitze 3 Minuten garen, dann die in der Mitte liegenden Stücke nach außen und die außen liegenden in die Mitte legen und weitere 1–2 Minuten garen. Nach 1 Minute überprüfen, ob der Fisch nicht zu trocken wird. Den Lachs mit einer Gabel in Stücke zerteilen und in eine Schüssel geben.

Die Kartoffeln abgießen, zurück in den Topf geben und noch warm mithilfe eines Kartoffelstampfers zu einem groben Püree verarbeiten. Mayonnaise und Ei unterziehen. Nur bei Bedarf mit etwas Milch verdünnen (die Masse sollte relativ fest sein). Chillies, Korianderblätter, Salz, Pfeffer und den Lachs zugeben und vorsichtig verrühren.

Die Mischung mit bemehlten Händen zu 8 Bratlingen formen. Das Öl in einer großen beschichteten Pfanne bei mittlerer Hitze erwärmen und die Bratlinge darin von jeder Seite etwa 5 Minuten goldbraun braten. Auf Tellern anrichten und sofort servieren.

Für 4 Personen

400 g Kartoffeln, in mittelgroße Stücke geschnitten

400 g Lachsfilet ohne Haut

2 EL Mayonnaise

1 Ei, verquirlt

etwas Milch (bei Bedarf)

2 frische rote Jalapeño-Chillies, entkernt und fein gehackt

1 kleines Bund frische Korianderblätter, zerzupft

Salz und Pfeffer

Mehl, zum Bestäuben

1 EL Olivenöl

GOA-FISCHCURRY

Für 4 Personen

4 Lachfilets ohne Haut (à 200 g)

1 TL Salz, oder nach Belieben

1 EL Zitronensaft

3 EL Sonnenblumen- oder Olivenöl

1 große Zwiebel, fein gehackt

2 TL Knoblauchpaste

2 TL Ingwerpaste

½ TL Kurkuma

1 TL gemahlener Koriander

½ TL gemahlener Kreuzkümmel

250 ml Kokosmilch

2–3 frische grüne Chillies, längs in Scheiben geschnitten (nach Belieben entkernt)

2 EL Apfel- oder Weißweinessig

2 EL frisch gehackter Koriander

gegarter Basmatireis, zum Servieren

Die Lachsfilets halbieren und nebeneinander auf einen großen Teller legen. Die Hälfte des Salzes und den Zitronensaft darübergeben und gut in die Filets reiben. Die Filets mit Frischhaltefolie abdecken und für 15–20 Minuten in den Kühlschrank stellen.

Das Öl in einer Pfanne bei mittlerer Hitze erwärmen und die Zwiebel darin unter Rühren goldgelb dünsten.

Knoblauch- und Ingwerpaste zufügen und 1 Minute unter Rühren anbraten, dann Kurkuma, gemahlenen Koriander und Kreuzkümmel zugeben und weiterhin unter Rühren 1 Minute anrösten. Kokosmilch, Chillies, Essig und das restliche Salz unterrühren und 6–8 Minuten köcheln lassen.

Die Fischfilets zugeben und 5–6 Minuten köcheln lassen. Den frischen Koriander einrühren und die Pfanne vom Herd nehmen. Die Lachsfilets sofort mit dem Basmatireis servieren.

FISCHCURRY PANANG

Erdnüsse, Schalotten, Chillies, Ingwer, Knoblauch und Garnelenpaste in der Küchenmaschine fein zerkleinern. Beiseitestellen.

Das Öl in einer großen beschichteten Pfanne erhitzen, die Erdnussmischung zugeben und mit Kurkuma und Chilipulver verrühren. Die Paste bei mittlerer Hitze unter Rühren leicht anbräunen. Dann etwa 10–12 Minuten unter Rühren weiterbraten, bis sich die Aromen entfaltet haben; dabei von Zeit zu Zeit etwas Wasser zugeben, damit die Paste nicht am Pfannenboden haften bleibt.

Warmes Wasser, Salz, Tamarindensaft und Zucker zufügen. Gut umrühren, dann die Forellenfilets zugeben. Die Filets sollten komplett von der Sauce bedeckt ist. Die Pfanne bedecken, die Hitze auf geringe Stufe reduzieren und die Fischfilets weitere 8–10 Minuten köcheln lassen. Die Pfanne vom Herd nehmen und die Forellenfilets mit dem Sud in Servierschalen anrichten. Mit Korianderblättern garnieren und sofort mit dem Basmatireis servieren.

Für 4 Personen

25 g trocken geröstete Erdnüsse

8–10 Schalotten oder 2 Zwiebeln, grob gehackt

2–3 frische rote Chillies, grob gehackt

2,5-cm-Stück frische Ingwerwurzel, grob gehackt

4 große Knoblauchzehen, grob gehackt

1 TL Garnelenpaste

4 EL Erdnussöl

1 TL Kurkuma

½ TL Chilipulver

425 ml warmes Wasser

½ TL Salz, oder nach Belieben

2 EL Tamarindensaft

½ TL Zucker

700 g Forellenfilet, in 1 cm breite Streifen geschnitten

frische Korianderblätter, zum Garnieren

gegarter Basmatireis, zum Servieren

GRÜNES THAI-FISCHCURRY

Für 4 Personen

2 EL Pflanzenöl

1 Knoblauchzehe, gehackt

2 EL grüne Thai-Currypaste

1 kleine Aubergine, gewürfelt

125 ml Kokosmilch

2 EL thailändische Fischsauce

1 TL Zucker

250 g festes Weißfischfilet, in Stücke geschnitten

125 ml Fischfond

2 Kaffir-Limettenblätter, in feine Streifen geschnitten

15 frische Thai-Basilikumblätter

frische Dillzweige, zum Garnieren

Das Öl in einem Wok oder einer großen Pfanne erhitzen und den Knoblauch darin goldgelb anbraten. Die Currypaste zugeben und kurz anbraten, dann die Aubergine zufügen und etwa 4–5 Minuten unter Rühren weich dünsten.

Mit der Kokosmilch ablöschen und so lange köcheln lassen, bis die Sauce etwas andickt. Fischsauce und Zucker einrühren.

Fischstücke und Fond zufügen und gut verrühren. Weitere 3–4 Minuten unter Rühren köcheln lassen, bis der Fisch gar ist. Limettenblätter und Thai-Basilikum zugeben und 1 Minute garen. Das Gericht in vorgewärmte Servierschalen verteilen, mit Dillzweigen garnieren und sofort servieren.

FISCH-BALTI

Für die Marinade alle Zutaten in einer großen Schüssel zu einer Paste verrühren. Die Fischstücke zugeben und gut in der Marinade wenden. Die Lorbeerblätter zufügen und verrühren. Die Schüssel abdecken und für mindestens 30 Minuten oder bis zu 4 Stunden in den Kühlschrank stellen.

Den Fisch 15 Minuten vor der Zubereitung aus dem Kühlschrank nehmen. Das Ghee oder Öl in einem Wok oder einer großen Pfanne bei mittlerer Hitze erwärmen. Die Zwiebeln zugeben, salzen und unter Rühren goldgelb dünsten.

Den Fisch samt der Marinade in den Wok geben. Das Wasser einrühren und zum Kochen bringen. Die Hitze reduzieren und den Fisch weitere 4–5 Minuten garen; dabei mehrmals mit der Sauce beträufeln und vorsichtig wenden, bis er gar ist. Das Gericht auf Servierschalen verteilen, mit frischem Koriander garnieren und mit Naan-Brot servieren.

Für 4–6 Personen

900 g dickes Fischfilet, z. B. Seeteufel, Meeräsche, Dorsch oder Schellfisch, abgespült und in große Stücke geschnitten

2 Lorbeerblätter, halbiert

140 g Ghee oder 150 ml Pflanzen- oder Erdnussöl

2 große Zwiebeln, gehackt

½ EL Salz

150 ml Wasser

frisch gehackter Koriander, zum Garnieren

Naan-Brot, zum Servieren

Marinade

½ EL Knoblauch-Ingwer-Paste

1 frische grüne Chili, entkernt und gehackt

1 TL gemahlener Koriander

1 TL gemahlener Kreuzkümmel

½ TL Kurkuma

¼–½ TL Chilipulver

1 EL Wasser

Salz

MEERESFRÜCHTE-CURRY

Für 4 Personen

1 EL Erdnuss- oder Pflanzenöl

3 Schalotten, fein gehackt

2,5-cm-Stück Galgantwurzel, geschält und in dünne Scheiben geschnitten

2 Knoblauchzehen, fein gehackt

400 ml Kokosmilch

2 Stängel Zitronengras, halbiert

4 EL thailändische Fischsauce

2 EL Chilisauce

250 g rohe Riesengarnelen, ausgelöst

250 g Babytintenfisch, in große Stücke geschnitten

250 g Lachsfilet ohne Haut, in Stücke geschnitten

180 g Thunfischsteak, in Stücke geschnitten

250 g frische Miesmuscheln, abgebürstet und Bärte entfernt

Limettenspalten, zum Garnieren

gegarter Reis, zum Servieren

Das Öl in einem großen Wok erhitzen und Schalotten, Galgant und Knoblauch darin glasig dünsten. Kokosmilch, Zitronengras, Fischsauce und Chilisauce zufügen und zum Kochen bringen. Die Hitze reduzieren und 1–2 Minuten köcheln lassen.

Garnelen, Tintenfisch, Lachs und Thunfisch zugeben und 3–4 Minuten köcheln lassen, bis Fisch und Meeresfrüchte gar sind.

Beschädigte Muscheln sowie Exemplare, die sich beim Antippen nicht schließen, aussortieren. Die restlichen Muscheln in den Wok geben. Den Wok bedecken und alles 1–2 Minuten köcheln lassen, bis sich die Muscheln geöffnet haben. Muscheln, die sich nicht geöffnet haben, aussortieren. Das Gericht auf Servierschalen verteilen, mit Limettenspalten garnieren und mit Reis servieren.

MEERESFRÜCHTECURRY NACH GOA-ART

Das Öl in einem Wok oder einer großen Pfanne erhitzen und die Senfsamen darin etwa 1 Minute anrösten, bis sie platzen. Dann die Curryblätter zufügen.

Schalotten und Knoblauch zugeben und etwa 5 Minuten goldgelb dünsten. Kurkuma, Koriander und Chilipulver einrühren und weitere 30 Sekunden anbraten.

Die aufgelöste Kokoscreme zugießen und aufkochen lassen. Die Hitze reduzieren und alles weitere 2 Minuten garen.

Die Fischwürfel unterrühren und 1 Minute köcheln lassen, dabei immer wieder die Sauce über die Fischfilets löffeln. Die Garnelen zufügen und weitere 4–5 Minuten köcheln lassen, bis Fischfleisch und Garnelen gar sind.

Mit Limettensaft und Salz abschmecken. Das Gericht auf Servierschalen verteilen, mit abgeriebener Limettenschale garnieren und mit Limettenspalten servieren.

Für 4–6 Personen

3 EL Pflanzen- oder Erdnussöl

1 EL schwarze Senfsamen

12 frische oder 1 EL getrocknete Curryblätter

6 Schalotten, fein gehackt

1 Knoblauchzehe, zerdrückt

1 TL gemahlene Kurkuma

¼ TL gemahlener Koriander

¼–½ TL Chilipulver

150 g Kokoscreme, geraspelt und in 300 ml kochend heißem Wasser aufgelöst

500 g dickes Weißfischfilet, z. B. Kabeljau oder Seeteufel, in große Würfel geschnitten

450 g große, rohe Garnelen, ausgelöst

abgeriebene Schale und Saft von 1 Limette

Salz

Limettenspalten, zum Servieren

CHILIGARNELEN MIT NUDELN

Für 4 Personen

200 g gegarte Riesengarnelen, ausgelöst aber mit Schwanzenden

4 EL süße Chilisauce

4 EL Erdnuss- oder Pflanzenöl

4 Frühlingszwiebeln, gehackt

50 g Zuckererbsen, geputzt und diagonal halbiert

1 EL rote Thai-Currypaste

400 ml Kokosmilch

50 g Bambussprossen aus der Dose, abgetropft

50 g frische Bohnensprossen

Salz

120 g mittelbreite chinesische Eiernudeln

2 Knoblauchzehen, zerdrückt

1 Handvoll Korianderblätter, fein gehackt

Garnelen und Chilisauce in einer Schüssel vermengen. Die Schüssel mit Frischhaltefolie abdecken und beiseitestellen.

2 Esslöffel Öl im Wok erhitzen. Frühlingszwiebeln und Zuckererbsen zugeben und bei mittlerer Hitze 2–3 Minuten anbraten. Die Currypaste einrühren und kurz anbraten. Mit der Kokosmilch ablöschen und unter gelegentlichem Rühren langsam zum Kochen bringen.

Bambus- und Bohnensprossen zufügen und unter Rühren 1 Minute mitgaren. Die Garnelen mitsamt der Chilisauce unterheben und die Hitze reduzieren. Weitere 1–2 Minuten köcheln lassen, bis die Garnelen heiß sind.

In der Zwischenzeit Salzwasser in einem großen Topf zum Kochen bringen und die Nudeln darin nach Packungsanleitung garen. Abgießen und zurück in den Topf geben.

Das restliche Öl in einer kleinen Pfanne erhitzen und den Knoblauch darin unter Rühren 30 Sekunden anbraten. Zu den abgegossenen Nudeln geben. Die Hälfte des Korianders zufügen und gut vermengen.

Die Knoblauchnudeln auf 4 Servierschalen verteilen und die Garnelenmischung darübergeben. Mit dem restlichen Koriander garnieren und sofort servieren.

THAILÄNDISCHE SCHWERTFISCHSPIESSE

Für 4 Personen

700 g Schwertfischsteaks, in mundgerechte Stücke geschnitten

2 rote Paprika, in mundgerechte Würfel geschnitten

1 rote Zwiebel, in mundgerechte Stücke geschnitten

2 Limetten

Limettenspalten, zum Garnieren

Schwertfisch, rote Paprika und Zwiebel in eine große Schüssel füllen. Die Schale einer Limette fein abreiben und zum Fisch geben, dann beide Limetten auspressen. Den Saft über die Fischmischung gießen und gut vermengen. Die Schüssel mit Frischhaltefolie abdecken und für mindestens 30 Minuten oder bis zu 1 Stunde in den Kühlschrank stellen.

Den Holzkohlegrill anheizen oder den Backofengrill vorheizen. Schwertfisch, Paprika und Zwiebeln abwechselnd auf 4 Metall- oder Holzspieße stecken. Auf den Grillrost legen und von jeder Seite 4 Minuten grillen; dabei mehrmals mit der Marinade bestreichen. Die Spieße auf Servierteller anrichten, mit Limettenspalten garnieren und servieren.

MAROKKANISCHE FISCH-TAGINE

Für 4 Personen

- 2 EL Olivenöl
- 1 große Zwiebel, fein gehackt
- einige Safranfäden
- ½ TL Zimt
- 1 TL gemahlener Koriander
- ½ TL gemahlener Kreuzkümmel
- ½ TL gemahlene Kurkuma
- 200 g gehackte Tomaten aus der Dose
- 300 ml Fischfond
- 4 kleine küchenfertige Meeräschen, Kopf und Flossen entfernt
- 50 g grüne Oliven, entsteint
- 1 EL gehackte eingelegte Zitrone
- 3 EL frisch gehackter Koriander
- Salz und Pfeffer
- gegarter Couscous, zum Servieren

Das Öl in einer Kasserolle erhitzen und die Zwiebel darin bei geringer Hitze unter gelegentlichem Rühren weich dünsten. Safran, Zimt, Koriander, Kreuzkümmel und Kurkuma zugeben und unter Rühren 30 Sekunden mitdünsten.

Tomaten und Fischfond einrühren und aufkochen lassen. Die Kasserolle bedecken und alles 15 Minuten köcheln lassen. Anschließend den Deckel abnehmen und das Gericht weitere 20–35 Minuten köcheln lassen, bis die Sauce andickt.

Die Meeräschen halbieren, in die Sauce geben und 5–6 Minuten mitköcheln lassen, bis sie gerade gar sind.

Oliven, Zitrone und Koriander unterheben. Die Fisch-Tagine mit Salz und Pfeffer abschmecken und mit Couscous servieren.

MEERESFRÜCHTE-CHILI

Garnelen, Muscheln, Seeteufel und Limettenscheiben in eine große Schüssel geben und mit je ¼ Teelöffel Chilipulver und Kreuzkümmel sowie 1 Esslöffel Koriander, der Hälfte des Knoblauchs, der Chili und 1 Esslöffel Öl vermengen. Die Schüssel mit Frischhaltefolie abdecken und für 1 Stunde in den Kühlschrank stellen.

In der Zwischenzeit 1 Esslöffel Öl in einem großen Topf erhitzen. Zwiebel, den restlichen Knoblauch und Paprikawürfel zugeben und bei geringer Hitze unter Rühren 5 Minuten weich dünsten. Restliches Chilipulver und Kreuzkümmel sowie Nelkenpulver, Zimt und Cayennepfeffer zufügen. Nach Belieben auch das restliche Öl zugeben und alles mit Salz abschmecken. Etwa 5 Minuten unter Rühren köcheln lassen, dann nach und nach Fond und Tomaten einrühren. Den Topf halb bedecken und alles 25 Minuten köcheln lassen.

Bohnen, Fisch und Meeresfrüchte unterheben und den Topf bedecken. Das Chili weitere 10 Minuten köcheln lassen, bis Fisch und Meeresfrüchte gar sind. Das Gericht auf Servierteller verteilen, mit dem restlichen Koriander garnieren und sofort servieren.

Für 4 Personen

120 g rohe Garnelen, ausgelöst
250 g ausgelöste Jakobsmuscheln
120 g Seeteufelfilet, in Würfel geschnitten
1 Limette, geschält und in dünne Scheiben geschnitten
1 EL Chilipulver
1 TL gemahlener Kreuzkümmel
3 EL frisch gehackter Koriander
2 Knoblauchzehen, fein gehackt
1 frische grüne Chili, entkernt und gehackt
3 EL Sonnenblumenöl
1 Zwiebel, grob gehackt
1 rote Paprika, grob gewürfelt
1 gelbe Paprika, grob gewürfelt
¼ TL gemahlene Gewürznelken
1 Prise Zimt
1 Prise Cayennepfeffer
Salz
350 ml Fischfond
400 g gehackte Tomaten aus der Dose
400 g rote Kidneybohnen aus der Dose, abgespült und abgetropft

PAELLA MIT GARNELEN & HUHN

Für 6–8 Personen

½ TL Safranfäden

2 EL heißes Wasser

90 ml Olivenöl

6–8 Hähnchenoberschenkel mit Haut und Knochen, überschüssiges Fett entfernt

150 g Chorizo ohne Haut, in 5 mm dicke Scheiben geschnitten

2 große Zwiebeln, gehackt

4 große Knoblauchzehen, zerdrückt

1 TL Paprikapulver

350 g Paella-Reis

100 g grüne Bohnen, gehackt

125 g Erbsen, TK-Ware

1,3 l Fisch-, Hühner- oder Gemüsebrühe

Salz und Pfeffer

16 frische Miesmuscheln

16 rohe Garnelen, ausgelöst

2 eingelegte Paprika, in Streifen geschnitten

35 g fein gehackte frische Petersilie, zum Garnieren

Safranfäden und heißes Wasser in eine kleine Schüssel geben und kurz einweichen.

In einer Paella-Pfanne (30 cm Ø) 3 Esslöffel Öl erhitzen und die Hähnchenschenkel rundum darin anbräunen. In eine Schüssel geben. Die Chorizo in die Pfanne geben und knusprig braten. Zu dem Fleisch in die Schüssel geben.

Das restliche Öl in der Pfanne erhitzen und die Zwiebeln darin 2 Minuten unter Rühren andünsten. Knoblauch und Paprikapulver zugeben und weitere 2 Minuten dünsten, bis die Zwiebeln glasig, aber nicht gebräunt sind. Reis, Bohnen und Erbsen einrühren. Hähnchenschenkel, Chorizo, Brühe, Safran samt Flüssigkeit sowie Salz und Pfeffer zugeben und unter Rühren aufkochen lassen. Die Hitze reduzieren und alles 15 Minuten ohne umzurühren köcheln lassen, bis der Reis fast gar ist und die Flüssigkeit größtenteils absorbiert hat.

In der Zwischenzeit die Muscheln sorgfältig abbürsten und die Bärte entfernen. Beschädigte Exemplare und solche, die sich beim Antippen nicht schließen, wegwerfen.

Muscheln, Garnelen und Paprikastreifen auf der Paella verteilen und die Pfanne bedecken. Ohne umzurühren 5 Minuten köcheln lassen, bis die Garnelen gar sind und die Muscheln sich geöffnet haben. Alle noch geschlossenen Muscheln wegwerfen. Die Paella mit Salz und Pfeffer abschmecken und auf Servierteller verteilen. Mit der Petersilie bestreuen und sofort servieren.

NUDELN MIT SARDELLEN, OLIVEN & KAPERN

Für 4 Personen

3 EL Olivenöl

2 Knoblauchzehen, fein gehackt

10 in Öl eingelegte Sardellenfilets, abgetropft und gehackt

150 g entsteinte schwarze Oliven, gehackt

1 EL eingelegte Kapern, abgespült und abgetropft

450 g Eiertomaten, gehäutet, entkernt und gehackt

1 Prise Cayennepfeffer

Salz

400 g Linguine oder Spaghetti

2 EL frisch gehackte glatte Petersilie, zum Garnieren

Das Öl in einer Pfanne erhitzen und den Knoblauch darin bei geringer Hitze 2 Minuten unter Rühren dünsten. Die Sardellenfilets zugeben und mit einer Gabel zerdrücken. Oliven, Kapern und Tomaten einrühren und mit Cayennepfeffer würzen. Die Pfanne bedecken und alles etwa 25 Minuten köcheln lassen.

In der Zwischenzeit Salzwasser in einem großen Topf zum Kochen bringen und die Nudeln darin 8–10 Minuten garen, bis sie al dente sind. Abgießen, abtropfen lassen und in eine vorgewärmte Servierschüssel füllen.

Die Sardellensauce zugeben und gründlich mit den Nudeln vermengen. Mit der Petersilie garnieren und sofort servieren.

SARDINEN MIT CHERMOULA

Für 4 Personen

12 küchenfertige Sardinen, Kopf abgetrennt und abgespült

Olivenöl, zum Einfetten

grobes Meersalz, zum Bestreuen

grob gehackter Koriander, zum Garnieren

Zitronenspalten, zum Servieren

Chermoula

40 g frische Korianderblätter

25 g frische glatte Petersilienblätter

1½ EL gemahlener Kreuzkümmel

1 TL geräuchertes Paprikapulver

½ TL Cayennepfeffer (oder nach Geschmack)

Saft von 1 Zitrone

1 TL Salz

3 EL Olivenöl

Für die Chermoula Koriander, Petersilie, Kreuzkümmel, Paprika, Cayennepfeffer, Zitronensaft und Salz in die Küchenmaschine geben und glatt pürieren. Das Öl langsam zugießen und alles zu einer dickflüssigen Sauce verarbeiten (bei Bedarf noch zusätzliches Öl zugeben).

Je 1 Teelöffel Chermoula in der Bauchhöhle der Sardinen verstreichen und diese auf einen großen Teller legen. Den Teller mit Frischhaltefolie abdecken und die Fische bei Zimmertemperatur 15 Minuten oder im Kühlschrank 2–4 Stunden marinieren.

Eine Grillpfanne erhitzen oder den Backofen- oder Holzkohlegrill vorheizen. Die Sardinen mit etwas Öl bepinseln und mit Meersalz bestreuen.

Die Grillpfanne bzw. den Grillrost ebenfalls mit Öl bestreichen. Die Sardinen in die Pfanne bzw. auf den Rost legen und 3 Minuten grillen. Mit einem Pfannenwender vorsichtig wenden, noch einmal mit etwas Salz bestreuen und weitere 2 Minuten grillen, bis die Sardinenhaut leicht angeschwärzt ist und die Fische gar sind.

Die Sardinen auf Servierteller verteilen und mit Koriander garnieren. Sofort mit Zitronenspalten servieren.

MEERESFRÜCHTEPÄCKCHEN

Für 4 Personen

2 EL natives Olivenöl extra

2 frische rote Chillies, entkernt und fein gehackt

4 Knoblauchzehen, fein gehackt

1,5 kg frisch gegartes Krebsfleisch, Schalen aufbewahrt und in Stücke gebrochen

800 g gehackte Tomaten aus der Dose

250 g Weißwein

Salz und Pfeffer

350 g Spaghetti

2 EL Butter

120 g küchenfertiger Tintenfisch

180 g rohe Garnelen

450 g frische Miesmuscheln, abgebürstet und Bärte entfernt, beschädigte Exemplare und solche, die sich beim Antippen nicht schließen, aussortieren

3 EL grob gehackte Petersilie

1 EL fein gehacktes Basilikum, plus einige Zweige mehr zum Seriveren

Die Hälfte des Öls in einem Topf erhitzen. Die Hälfte der Chillies, des Knoblauchs und die Krebsschalen zugeben und bei mittlerer Hitze unter Rühren 2–3 Minuten anbraten. Tomaten und Wein einrühren, die Hitze reduzieren und alles 1 Stunde köcheln lassen. Den Sud in eine Schüssel abseihen, mit Salz und Pfeffer würzen und beiseitestellen.

Salzwasser in einem großen Topf zum Kochen bringen und die Nudeln 8–10 Minuten garen, bis sie al dente sind. Abgießen und abtropfen lassen.

Das restliche Öl und die Butter in einen großen Topf geben und erhitzen. Restliche Chili und Knoblauch zufügen und bei geringer Hitze unter Rühren weich dünsten. Tintenfisch, Garnelen und Muscheln einrühren und 4–5 Minuten dünsten, bis sich die Muscheln geöffnet haben. Den Topf vom Herd nehmen und Muscheln, die sich nicht geöffnet haben, aussortieren. Nudeln, Tomatensud, Petersilie und Basilikum zufügen und gut verrühren.

Den Backofen auf 180 °C vorheizen. 4 große Quadrate aus Backpapier zuschneiden. Die Meeresfrüchtemischung darauf verteilen, das Papier über den Inhalt schlagen und die Seiten der Quadrate falten und gut verschließen. Auf ein Backblech geben und 10 Minuten im Ofen backen, bis sich die Päckchen aufblähen. Öffnen, mit Basilikumzweigen garnieren und servieren.

GARNELEN MIT ZITRUSSALSA

Für 6 Personen

36 große, rohe Garnelen, ausgelöst

2 EL frisch gehackter Koriander, plus einige Blätter zum Garnieren

1 Prise Cayennepfeffer

3–4 EL Sonnenblumenöl

Limettenspalten, zum Servieren

Zitrussalsa

1 Orange, filetiert

1 säuerlicher Apfel, geschält, geviertelt und entkernt

2 frische rote Chillies, entkernt und fein gehackt

1 Knoblauchzehe, fein gehackt

8 frische Korianderzweige

8 frische Minzezweige

4 EL Limettensaft

Salz und Pfeffer

Den Grill vorheizen. Für die Salsa alle Zutaten in einen Mixer geben und glatt pürieren.

Die Garnelen unter fließend kaltem Wasser abspülen und mit Küchenpapier trocken tupfen. Koriander, Cayennepfeffer und Öl in einer Schüssel gut verrühren und die Garnelen sorgfältig darin wenden.

Die Garnelen über mittlerer Glut 3 Minuten von jeder Seite grillen, bis sie gar sind. Auf einer Servierplatte anrichten und mit Koriander garnieren. Mit Limettenspalten und Zitrussalsa servieren.

SPAGHETTI MIT KREBSFLEISCH & CHILI

Das Krebsfleisch mit einem scharfen Messer aus der Schale lösen und in eine Schüssel geben. Weißes und braunes Krebsfleisch mischen und beiseitestellen.

Salzwasser in einem großen Topf zum Kochen bringen und die Spaghetti darin 8–10 Minuten garen, bis sie al dente sind. Abgießen, abtropfen lassen und zurück in den Topf geben.

In der Zwischenzeit 2 Esslöffel Öl in einer Pfanne bei geringer Hitze erwärmen. Chili und Knoblauch zugeben und 30 Sekunden andünsten. Dann Krebsfleisch, Petersilie, Zitronensaft und -schale zufügen und 1 Minute anbraten, bis das Krebsfleisch heiß ist.

Die Krebsfleischmischung mit dem restlichen Öl zu den Nudeln geben und gut vermengen. Mit Salz und Pfeffer abschmecken und in eine große vorgewärmte Servierschüssel füllen. Mit Zitronenspalten garnieren und sofort servieren.

Für 4 Personen

1 gegarter Krebs (450 g) mit Schale

Salz und Pfeffer

350 g Spaghetti

90 ml natives Olivenöl extra

1 frische rote Chili, entkernt und fein gehackt

2 Knoblauchzehen, fein gehackt

3 EL frisch gehackte Petersilie

2 EL Zitronensaft

fein abgeriebene Schale von 1 Zitrone

Zitronenspalten, zum Garnieren

SCHARFE JAKOBSMUSCHELN

Für 4 Personen

2 EL Butter

2 EL natives Olivenöl extra

650 g frische Jakobsmuscheln, ausgelöst

4–5 Frühlingszwiebeln, in dünne Ringe geschnitten

3–4 Knoblauchzehen, fein gehackt

½ frische grüne Chili, entkernt und fein gehackt

2 EL fein gehackter frischer Koriander

Saft von einer ½ Limette

Salz und Pfeffer

Limettenspalten, zum Servieren

Die Hälfte der Butter und des Öls in einer großen Pfanne erhitzen.

Die Jakobsmuscheln zugeben und kurz anbraten, bis sie fast gar sind. Mit einem Schaumlöffel auf einen Teller heben und warm halten.

Restliche Butter und restliches Öl in die Pfanne geben und Frühlingszwiebeln und Knoblauch darin bei mittlerer Hitze andünsten, bis die Frühlingszwiebeln zusammengefallen sind. Die Muscheln zurück in die Pfanne geben.

Die Pfanne vom Herd nehmen und Chili und Koriander unter die Muschelmischung rühren. Mit Limettensaft beträufeln, mit Salz und Pfeffer abschmecken und gut vermengen.

Das Gericht auf Serviertellern anrichten und mit Limettenspalten servieren.

FRITTIERTE TINTENFISCHRINGE

Für 4–6 Personen

Olivenöl, zum Frittieren

100 g Mehl

1 Prise scharfes Paprika- oder Chilipulver

Salz und weißer Pfeffer

600 g Tintenfischringe und -tentakel, abgespült und trocken getupft

frische Korianderzweige, zum Garnieren

In der Fritteuse oder einer großen Pfanne ausreichend Öl zum Frittieren auf 180 °C erhitzen (ein Brotwürfel bräunt darin in 30 Sekunden).

Mehl, Paprika, Salz und Pfeffer in einen Gefrierbeutel geben und gut schütteln. Die Tintenfischstücke hineingeben und durch Schütteln rundum mit dem Würzmehl überziehen. Die Tintenfischstücke mit einer Zange aus dem Beutel nehmen und überschüssiges Mehl abschütteln.

Die Tintenfischstücke in kleinen Portionen in das heiße Öl geben und 3 Minuten goldbraun frittieren, dabei gelegentlich wenden. Mit einem Schaumlöffel herausnehmen und auf Küchenpapier abtropfen lassen. Im Backofen warm halten, während die restlichen Portionen frittiert werden. Achten Sie beim Frittieren darauf, dass das Öl vor jeder Portion wieder die richtige Temperatur annimmt, und entfernen Sie alte Panadereste.

Die Tintenfischringe mit Korianderzweigen garnieren und sofort servieren.

SCHARF

Gemüsegerichte

FEURIGER BOHNENEINTOPF

Für 4–6 Personen

2 EL Olivenöl

1 Zwiebel, gehackt

2–4 Knoblauchzehen, gehackt

2 frische rote Chillies, entkernt und in Ringe geschnitten

250 g Kidneybohnen aus der Dose, abgespült und abgetropft

250 g Cannellini-Bohnen aus der Dose, abgespült und abgetropft

250 g Kichererbsen aus der Dose, abgespült und abgetropft

1 EL Tomatenmark

700–850 ml Gemüsebrühe

1 rote Paprika, in kleine Würfel geschnitten

4 Tomaten, grob gehackt

175 g dicke Bohnen

Pfeffer

1 EL frisch gehackter Koriander, plus etwas mehr zum Garnieren

saure Sahne, zum Servieren

Paprikapulver, zum Garnieren

Das Öl in einer großen Pfanne erhitzen. Zwiebel, Knoblauch und Chillies zugeben und unter Rühren 5 Minuten andünsten. Kidney- und Cannellini-Bohnen sowie Kichererbsen zufügen. Das Tomatenmark in einer Schüssel in etwas Brühe auflösen und über die Bohnenmischung gießen, dann die restliche Brühe einrühren. Aufkochen lassen, dann die Hitze reduzieren und alles etwa 10–15 Minuten köcheln lassen.

Paprika, Tomaten, dicke Bohnen und Pfeffer zufügen. Etwa 15–20 Minuten köcheln lassen, bis das Gemüse gar ist, und den gehackten Koriander unterrühren.

Den Eintopf auf Servierteller verteilen und etwas saure Sahne darübergeben. Mit Paprikapulver und Koriander garnieren und sofort servieren.

AUBERGINEN-TAGINE

Für 2 Personen

1 Aubergine, in 1 cm große Würfel geschnitten

3 EL Olivenöl

1 große Zwiebel, in dünne Ringe geschnitten

1 Karotte, in Würfel geschnitten

2 Knoblauchzehen, gehackt

120 g braune Champignons, in Scheiben geschnitten

2 TL gemahlener Koriander

2 TL Kreuzkümmelsamen

1 TL Chilipulver

1 TL Kurkuma

600 g gehackte Tomaten aus der Dose

1,5 l Gemüsebrühe

1 EL Tomatenmark

80 g getrocknete Aprikosen, grob gehackt

400 g Kichererbsen aus der Dose, abgespült und abgetropft

200 g Instant-Polenta

2 EL frisch gehackter Koriander, zum Garnieren

Den Backofengrill vorheizen. Die Auberginenwürfel auf ein Backblech legen und mit 1 Esslöffel Öl beträufeln. Etwa 20 Minuten unter dem Grill garen, bis die Auberginenwürfel an den Rändern etwas anschwärzen; dabei mehrmals wenden und eventuell noch etwas Öl zugeben, falls die Auberginenstücke zu trocken werden.

Das restliche Öl in einer großen Pfanne bei mittlerer Hitze erwärmen und die Zwiebel darin unter Rühren goldgelb dünsten. Karotte, Knoblauch und Pilze zufügen und 5 Minuten anbraten. Dann die Gewürze zufügen und unter Rühren 1 weitere Minute dünsten.

Tomaten, 300 ml der Brühe und Tomatenmark einrühren. Zum Kochen bringen, die Hitze reduzieren und 10 Minuten köcheln lassen, bis die Sauce andickt.

Aubergine, Aprikosen und Kichererbsen zufügen, die Pfanne leicht bedecken und alles weitere 10 Minuten unter gelegentlichem Rühren köcheln lassen.

In der Zwischenzeit die restliche Brühe in einem Topf zum Kochen bringen. Die Polenta unter Rühren langsam einrieseln lassen. Die Hitze reduzieren und die Polenta 1–2 Minuten köcheln lassen, bis sie andickt und die Konsistenz von Kartoffelpüree hat. Die Auberginen-Tagine mit frischem Koriander garnieren und mit Polenta servieren.

CHILI MIT SCHWARZEN BOHNEN

Für 4 Personen

400 g getrocknete schwarze Bohnen

2 EL Olivenöl

1 Zwiebel, gehackt

5 Knoblauchzehen, grob gehackt

½–1 TL gemahlener Kreuzkümmel

½–1 TL mildes Chilipulver

1 rote Paprika, in Würfel geschnitten

1 Karotte, in Würfel geschnitten

400 g frische Tomaten, in Würfel geschnitten

1 Bund frischer Koriander, grob gehackt

Salz und Pfeffer

Die Bohnen über Nacht in Wasser einweichen. Am nächsten Tag abgießen, in einen großen Topf geben und mit Wasser bedecken. Zum Kochen bringen und 10 Minuten köcheln lassen. Dann die Hitze reduzieren und die Bohnen etwa 1½ Stunden garen, bis sie weich sind. Abgießen und dabei etwa 250 ml des Kochwassers auffangen. Die Bohnen gut abtropfen lassen.

Das Öl in einer Pfanne erhitzen und Zwiebel und Knoblauch darin unter Rühren glasig dünsten.

Kreuzkümmel und Chilipulver unterrühren und 20–30 Sekunden anbraten. Paprika, Karotte und Tomaten zufügen und bei mittlerer Hitze unter Rühren 5 Minuten köcheln lassen.

Die Hälfte des Korianders, Bohnen und das aufgefangene Kochwasser einrühren und alles mit Salz und Pfeffer würzen. Etwa 30–40 Minuten köcheln lassen, bis das Chili andickt und aromatisch duftet.

Erneut mit Salz und Pfeffer abschmecken und auf Servierschalen verteilen. Mit dem restlichen Koriander garnieren und sofort servieren.

KICHERERBSEN-TOPF

Für 6 Personen

1 EL Kreuzkümmelsamen

2 EL Koriandersamen

2 TL getrockneter Oregano oder Thymian

75 ml Pflanzenöl

2 Zwiebeln, gehackt

1 rote Paprika, in 2 cm große Würfel geschnitten

1 Aubergine, in 2 cm große Würfel geschnitten

2 Knoblauchzehen, gehackt

1 frische grüne Chili, entkernt und gehackt

400 g gehackte Tomaten aus der Dose

400 g Kichererbsen aus der Dose, abgespült und abgetropft

250 g grüne Bohnen, in 2 cm lange Stücke geschnitten

600 ml Gemüsebrühe

3 EL frisch gehackter Koriander, zum Garnieren

Kreuzkümmel- und Koriandersamen in einer großen Pfanne ein paar Sekunden trocken anrösten, bis sie anfangen zu duften. Oregano oder Thymian zufügen und einige Sekunden weiterrösten. Die Pfanne vom Herd nehmen, den Inhalt in einen Mörser geben und alles fein zerstoßen.

Das Öl in einer Kasserolle erhitzen. Zwiebeln, rote Paprika und Aubergine zufügen und etwa 10 Minuten weich dünsten. Gemahlene Gewürze, Knoblauch und Chili zugeben und weitere 2 Minuten anbraten.

Tomaten, Kichererbsen, grüne Bohnen und Brühe einrühren und zum Kochen bringen. Den Topf bedecken und alles 1 Stunde köcheln lassen. Mit dem Koriander garnieren und sofort servieren.

GEMÜSEEINTOPF

Die getrockneten Tomaten in eine kleine Schüssel geben und mit heißem Wasser übergießen. Etwa 15–20 Minuten ziehen lassen, dann abgießen und das Einweichwasser dabei auffangen. Die Tomaten grob hacken und beiseitestellen.

Das Öl in einer großen Pfanne erhitzen. Chiliflocken, Knoblauch, Zwiebel, Sellerie, Karotten Kartoffeln und Kürbisfleisch zugeben und unter Rühren 5 Minuten andünsten. Das Tomatenmark in einer Schüssel in etwas Brühe auflösen und über das Gemüse gießen. Restliche Brühe, Linsen, getrocknete Tomaten samt Einweichwasser, Paprikapulver und Thymian zufügen.

Aufkochen lassen, dann die Hitze reduzieren und die Pfanne bedecken. Etwa 15 Minuten köcheln lassen, dann die frischen Tomaten zufügen. Weitere 15 Minuten köcheln lassen, bis Gemüse und Linsen gar sind. Das Gericht auf Servierteller verteilen und etwas saure Sahne darübergeben. Sofort mit Brot servieren.

Für 4 Personen

15 g getrocknete Tomaten, gehackt

2 EL Olivenöl

½–1 TL Chiliflocken

2–3 Knoblauchzehen, gehackt

1 große Zwiebel, in kleine Spalten geschnitten

1 kleine Sellerieknolle, in kleine Würfel geschnitten

250 g Karotten, in Würfel geschnitten

250 g neue Kartoffeln, abgebürstet und in Stücke geschnitten

250 g Eichelkürbisfleisch, in Würfel geschnitten

2 EL Tomatenmark

300 ml Gemüsebrühe

500 g Puy- oder grüne Linsen aus der Dose, abgespült und abgetropft

1–2 TL scharfes Paprikapulver

einige frische Thymianzweige

500 g vollreife Tomaten, gehäutet und gehackt

saure Sahne und knuspriges Brot, zum Servieren

Für 4 Personen

2 EL Erdnuss- oder Pflanzenöl

2 Schalotten, gehackt

2 Knoblauchzehen, zerdrückt

250 g Basmatireis

600 ml Hühnerfond

1 EL rote Thai-Currypaste

1 TL thailändische Fischsauce

3 EL Sojasauce

Salz

180 g Babymaiskolben, längs halbiert

120 g Babykarotten, längs halbiert

50 g Zuckererbsen

30 g frische Bohnensprossen

4 EL Sesamsaat

1 Handvoll frisch gehackter Koriander

2 EL Sesamöl

FRÜHLINGS-GEMÜSEREIS

Das Öl im Wok erhitzen. Schalotten und Knoblauch zugeben und bei mittlerer Hitze unter Rühren 1–2 Minuten anbraten. Den Reis zufügen und unter Rühren 2–3 Minuten anbraten. Fond, Currypaste, Fischsauce und Sojasauce einrühren und zum Kochen bringen. Die Hitze reduzieren und alles 10–12 Minuten köcheln lassen, bis der Reis gar ist (bei Bedarf noch etwas Brühe oder kochendes Wasser zugießen).

In der Zwischenzeit Salzwasser in einem großen Topf zum Kochen bringen und Mais und Karotten darin 2–3 Minuten garen. Die Zuckererbsen zugeben und 1 Minute köcheln. Die Bohnensprossen zufügen, umrühren und sofort abgießen. Gut abtropfen lassen.

Eine Pfanne erhitzen und die Sesamsaat darin 30–45 Sekunden trocken anrösten; dabei immer wieder an der Pfanne rütteln.

Abgetropftes Gemüse, Koriander und Sesamöl unter den Reis rühren. Auf Servierschüsseln verteilen, mit dem gerösteten Sesam bestreuen und sofort servieren.

PILZ-STROGANOFF

Die Butter in einer großen Pfanne zerlassen und die Zwiebel darin glasig dünsten.

Die Pilze zugeben und einige Minuten pfannenrühren, bis sie beginnen, weich zu werden. Erst Tomatenmark und Senf, dann Créme fraîche einrühren und 5 Minuten unter Rühren köcheln lassen.

Paprikapulver einrühren und alles mit Salz und Pfeffer abschmecken. Mit etwas Paprikapulver und Petersilienzweigen garnieren und sofort servieren.

Für 4 Personen

25 g Butter

1 Zwiebel, fein gehackt

450 g Champignons, geviertelt

1 EL Tomatenmark

1 TL grober Senf

150 g Créme fraîche

1 TL Paprikapulver, plus etwas mehr zum Garnieren

Salz und Pfeffer

frische glatte Petersilienzweige, zum Garnieren

SCHARFE GEMÜSELASAGNE

Für 4 Personen

1 Aubergine, in Scheiben

Salz und Pfeffer

3 EL Olivenöl

2 Knoblauchzehen, zerdrückt

1 rote Zwiebel, in Ringen

1 rote, 1 grüne und 1 gelbe Paprika, in Würfeln

250 g Champignons, in Scheiben

2 Selleriestangen, in Scheiben

1 Zucchini, in Würfeln

½ TL Chilipulver

½ TL gemahlener Kreuzkümmel

2 Tomaten, in kleine Würfel geschnitten

300 ml passierte Tomaten

8 grüne Lasagneblätter

Käsesauce

2 EL Butter oder Margarine

1 EL Mehl

150 ml Gemüsebrühe

300 ml Milch

75 g Emmentaler, fein gerieben

1 TL Dijon-Senf

2 EL frisch gehacktes Basilikum

1 Ei, verquirlt

Die Auberginen in ein Sieb legen, salzen und 20 Minuten ziehen lassen. Unter fließendem kaltem Wasser abspülen, abtropfen lassen und beiseitestellen.

Das Öl in einer Pfanne erhitzen. Knoblauch und Zwiebel zugeben und 1–2 Minuten dünsten. Paprika, Pilze, Sellerie und Zucchini zufügen und unter Rühren 3–4 Minuten anbraten.

Chilipulver und Kreuzkümmel einrühren und 1 Minute mitbraten. Frische und passierte Tomaten sowie Basilikum zugeben und alles mit Salz und Pfeffer abschmecken.

Den Backofen auf 180 °C vorheizen. Für die Sauce die Butter im Topf zerlassen, das Mehl einrühren und 1 Minute anschwitzen. Vom Herd nehmen, Brühe und Milch zugießen und gut verrühren. Zurück auf den Herd stellen, die Hälfte des Käses und den Senf zugeben und unter Rühren einkochen lassen. Das Basilikum zufügen, den Topf vom Herd nehmen und das Ei einrühren.

Die Hälfte der Lasagneblätter nebeneinander in eine große Auflaufform legen. Zuerst die Hälfte der Gemüsemischung, dann die Hälfte der Auberginen darüber verteilen. Den Vorgang wiederholen und mit der Käsesauce abschließen. Mit Käse bestreuen und 40 Minuten im Ofen backen, bis der Käse eine goldbraune Farbe angenommen hat und Blasen wirft. Die Lasagne aus dem Ofen nehmen, in Stücke schneiden und servieren.

PAELLA MIT CASHEWKERNEN

Butter und Öl in einer Paella-Pfanne oder einer großen Pfanne bei mittlerer Hitze zerlassen und die Zwiebel darin 2–3 Minuten unter Rühren weich dünsten.

Reis, Kurkuma, Kreuzkümmel, Chilipulver, Knoblauch, Chili, Paprika, Mais, Oliven und Tomate zugeben und 1–2 Minuten anbraten. Mit der Brühe ablöschen und aufkochen lassen. Die Hitze reduzieren und alles unter Rühren etwa 20 Minuten köcheln lassen.

Cashewkerne und Erbsen einrühren und weitere 5 Minuten garen. Mit Salz und Pfeffer würzen und mit Petersilie und Cayennepfeffer bestreuen. Das Gericht auf vorgewärmte Servierschalen verteilen, mit Petersilie garnieren und sofort servieren.

Für 4 Personen

1 EL Butter

2 EL Olivenöl

1 rote Zwiebel, gehackt

250 g Paella-Reis

1 TL Kurkuma

1 TL gemahlener Kreuzkümmel

½ TL Chilipulver

3 Knoblauchzehen, zerdrückt

1 frische grüne Chili, in Ringe geschnitten

1 grüne Paprika, in Würfel geschnitten

1 rote Paprika, in Würfel geschnitten

80 g Babymaiskolben, längs halbiert

2 EL entsteinte schwarze Oliven

1 große Tomate, entkernt und gewürfelt

450 ml Gemüsebrühe

80 g ungesalzene Cashewkerne

50 g Erbsen, TK-Ware, aufgetaut

Salz und Pfeffer

2 EL frisch gehackte Petersilie, plus etwas mehr zum Garnieren

1 Prise Cayennepfeffer

GEFÜLLTE PAPRIKA

Für 4 Personen

280 g Basmatireis

300 g Babyspinat, geputzt

2 EL Olivenöl

1 kleine Zwiebel, fein gehackt

2 große Knoblauchzehen, zerdrückt

¼ TL Kurkuma

1 große Prise Zimt

1 große Prise Cayennepfeffer, oder nach Belieben

4 EL geröstete Pinienkerne

4 EL Rosinen

4 große Paprika, Farbe nach Belieben

Salz und Pfeffer

Den Reis in ein Sieb geben und unter fließend kaltem Wasser gut abspülen. In eine Schüssel füllen, mit Wasser bedecken und mindestens 30 Minuten einweichen lassen.

Den noch nassen Spinat in eine große heiße Pfanne geben. Die Pfanne bedecken und den Spinat bei mittlerer Hitze zusammenfallen lassen. Abgießen, gut abtropfen lassen und mit den Händen so viel Wasser wie möglich aus dem Spinat pressen. Dann den Spinat fein hacken und beiseitestellen.

Den Backofen auf 180 °C vorheizen. 1 Esslöffel Öl in einer großen Pfanne bei mittlerer Hitze erwärmen und die Zwiebel darin unter Rühren glasig dünsten. Knoblauch, Kurkuma, Zimt und Cayennepfeffer zugeben und 2 Minuten anbraten.

Pinienkerne, Rosinen und abgetropften Reis unterrühren. Den gehackten Spinat zufügen, alles gut vermengen und mit Salz und Pfeffer abschmecken. Beiseitestellen.

Die Paprika längs halbieren, die Kerne entfernen, den Stiel jedoch intakt lassen. Die Reismischung nun gleichmäßig auf die Paprikahälften verteilen und diese auf ein tiefes Backblech setzen.

Etwa 45 Minuten im Ofen backen, dann auf Servierteller verteilen und sofort servieren.

KAROTTEN-KÜRBIS-CURRY

Für 4 Personen

150 ml Gemüsebrühe

2,5-cm-Stück Galgantwurzel, in Scheiben geschnitten

2 Knoblauchzehen, gehackt

1 Stängel Zitronengras (nur der weiße Teil), fein gehackt

2 frische rote Chillies, entkernt und fein gehackt

4 Karotten, geschält und in Würfel geschnitten

250 g Kürbisfleisch, in Würfel geschnitten

2 EL Erdnuss- oder Pflanzenöl

2 Schalotten, fein gehackt

3 EL gelbe Thai-Currypaste

400 ml Kokosmilch

4–6 frische Thai-Basilikumblätter

25 g geröstete Kürbiskerne, zum Garnieren

Die Brühe in einem großen Topf zum Kochen bringen. Galgant, die Hälfte des Knoblauchs, Zitronengras und Chillies zugeben und 5 Minuten köcheln lassen. Karotten und Kürbis zufügen und 5–6 Minuten garen.

In der Zwischenzeit das Öl in einem Wok oder einer Pfanne erhitzen und Schalotten und restlichen Knoblauch 2–3 Minuten darin andünsten. Die Currypaste zufügen und 1–2 Minuten anbraten.

Die Schalottenmischung mit Kokosmilch und Thai-Basilikum in den Topf zum Gemüse geben, einrühren und alles weitere 2–3 Minuten köcheln lassen. Auf Servierschalen verteilen, mit den Kürbiskernen bestreuen und servieren.

AUBERGINEN-KARTOFFEL-CURRY

Für 4 Personen

1 große Aubergine (350 g)

250 g große Kartoffeln, gegart, abgekühlt und Schale abgezogen

3 EL Sonnenblumen- oder Olivenöl

½ TL schwarze Senfsamen

½ TL Schwarzkümmelsamen

½ TL Fenchelsamen

1 Zwiebel, fein gehackt

2,5-cm-Stück Ingwerwurzel, gerieben

2 frische grüne Chillies, gehackt (nach Belieben entkernt)

½ TL gemahlener Kreuzkümmel

1 TL gemahlener Koriander

1 TL Kurkuma

½ TL Chilipulver

1 EL Tomatenmark

450 ml warmes Wasser

1 TL Salz, oder nach Belieben

½ TL Garam masala

2 EL frisch gehackter Koriander

Naan-Brot, zum Servieren

Die Aubergine längs vierteln und in 5 cm große Stücke schneiden. Die Auberginenstücke in kaltem Wasser einweichen.

Die Kartoffeln in 5 cm große Würfel schneiden. Das Öl in einem großen Topf bei mittlerer Hitze erwärmen und die Senfsamen darin anrösten. Sobald die Samen aufplatzen, die Schwarzkümmel- und Fenchelsamen einrühren.

Zwiebel, Ingwer und Chillies zugeben und 7–8 Minuten unter Rühren anbräunen.

Kreuzkümmel, gemahlenen Koriander, Kurkuma und Chilipulver unterrühren. Etwa 1 Minute dünsten, dann das Tomatenmark einrühren. 1 weitere Minute dünsten und mit dem warmem Wasser ablöschen. Salz und abgetropfte Auberginenstücke zugeben und zum Kochen bringen. Bei mittlerer Hitze 8–10 Minuten unter Rühren köcheln. Zu Beginn der Garzeit schwimmen die Auberginenstücke noch an der Oberfläche und sinken erst zu Boden, wenn sie sich mit der Flüssigkeit vollgesogen haben. Sobald dies geschieht, die Kartoffelwürfel zugeben und 2–3 Minuten unter Rühren miterwärmen.

Garam masala und gehackten Koriander unterrühren und den Topf vom Herd nehmen. Das Gericht auf Servierschalen verteilen und mit Naan-Brot servieren.

KARTOFFELCURRY MIT GRÜNEN BOHNEN

Für 6 Personen

300 ml Pflanzenöl

1 TL Kreuzkümmelsamen

1 TL gemischte Senf- und Zwiebelsamen

4 getrocknete rote Chillies

3 Tomaten, in Scheiben geschnitten

1 TL Salz

1 TL frisch gehackte Ingwerwurzel

1 TL frisch zerdrückter Knoblauch

1 TL Chilipulver

200 g grüne Bohnen, diagonal in 2,5 cm lange Stücke geschnitten

2 Kartoffeln, in Würfel geschnitten

300 ml Wasser

frisch gehackter Koriander und in dünne Scheiben geschnittene grüne Chili, zum Garnieren

Das Öl in einem großen Topf erhitzen. Kreuzkümmel-, Senf- und Zwiebelsamen sowie rote Chillies zufügen und unter Rühren anrösten.

Die Tomaten zugeben und 3–5 Minuten pfannenrühren.

Salz, Ingwer, Knoblauch und Chilipulver in einer Schüssel mischen und unter Rühren zu der Tomatenmischung geben.

Grüne Bohnen und Kartoffeln einrühren und 5 Minuten anbraten.

Das Wasser zugießen, die Hitze reduzieren und alles 10–15 Minuten unter gelegentlichem Rühren köcheln lassen. In eine vorgewärmte Servierschüssel füllen, mit gehacktem Koriander und Chilischeiben garnieren und servieren.

PIKANTER BASMATI-PILAW

Für 4 Personen

500 g Basmatireis

1 kleiner Brokkoli

90 ml Pflanzenöl

2 große Zwiebeln, gehackt

250 g Pilze, in Scheiben geschnitten

2 Knoblauchzehen, zerdrückt

6 grüne Kardamomkapseln, gespalten

6 Nelken

8 schwarze Pfefferkörner

1 Zimtstange

1 TL Kurkuma

1,2 l kochende Gemüsebrühe oder Wasser

Salz und Pfeffer

60 g Rosinen

60 g ungesalzene Pistazien, grob gehackt

Den Reis gut abspülen und abtropfen lassen. Den Brokkoli in kleine Röschen zerteilen. Den Stängel schälen, längs vierteln und diagonal in 1 cm große Stücke schneiden.

Das Öl in einem großen Topf erhitzen. Zwiebeln und Brokkolistängel zugeben und unter häufigem Rühren 3 Minuten andünsten. Pilze, Reis, Knoblauch und Gewürze zufügen und 1 Minute unter Rühren anbraten.

Mit der Brühe ablöschen und alles mit Salz und Pfeffer würzen. Die Brokkoliröschen in den Topf geben und alles erneut aufkochen lassen. Den Topf bedecken, die Hitze reduzieren und das Gericht 15 Minuten köcheln lassen. Den Deckel in dieser Zeit nicht abnehmen.

Den Topf vom Herd nehmen und den Pilaw 5 Minuten abgedeckt ruhen lassen. Dann Rosinen und Pistazien einrühren und die Reiskörner mit einer Gabel leicht auflockern. Heiß servieren.

PILAW MIT BRAUNEM BASMATIREIS

Für 4 Personen

4 EL Pflanzenöl
1 rote Zwiebel, fein gehackt
2 Selleriestangen, längs geviertelt und in Würfel geschnitten
2 Karotten, grob gerieben
1 grüne Chili, entkernt und fein gehackt
3 Frühlingszwiebeln, fein gehackt
40 g Mandelblättchen
350 g gegarter brauner Basmatireis
150 g gekochte rote Spaltlinsen
180 ml Hühnerfond oder Gemüsebrühe
75 ml frisch gepresster Orangensaft
Salz und Pfeffer

2 Esslöffel Öl in einem Wok oder einer großen Pfanne bei mittlerer Hitze erwärmen und die Zwiebel darin weich dünsten.

Sellerie, Karotten, Chili, Frühlingszwiebeln und Mandeln zugeben und 2 Minuten bissfest garen. In eine Schüssel füllen und beiseitestellen.

Das restliche Öl in die Pfanne geben und Reis und Linsen darin 1–2 Minuten unter Rühren andünsten. Die Hitze reduzieren und Brühe sowie Orangensaft einrühren. Mit Salz und Pfeffer abschmecken.

Das Gemüse zurück in die Pfanne geben und gut mit dem Reis verrühren. Das Gericht auf vorgewärmte Servierteller verteilen und sofort servieren.

WÜRZIGE GEMÜSEPFANNE

Für 4 Personen

2 EL Erdnuss- oder Pflanzenöl

1 Bund Frühlingszwiebeln, grob gehackt

2,5-cm-Stück Ingwerwurzel, fein gehackt

2 Stängel Zitronengras, halbiert

2 Karotten, in Stifte geschnitten

1 kleiner Brokkoli, in Röschen zerteilt

50 g Babymaiskolben, längs halbiert

50 g Wasserkastanien aus der Dose, abgetropft

1 EL rote Thai-Currypaste

Salz

250 g chinesische Eiernudeln

4 EL Sesamsaat

Das Öl in einem Wok oder einer großen Pfanne erhitzen. Frühlingszwiebeln, Ingwer und Zitronengras zugeben und bei mittlerer Hitze 2–3 Minuten unter Rühren weich dünsten. Karotten, Brokkoli und Mais zufügen und 3–4 Minuten pfannenrühren.

Wasserkastanien und Currypaste untermischen und 2–3 Minuten unter Rühren anbraten. Das Zitronengras entfernen.

Salzwasser in einem großen Topf zum Kochen bringen und die Nudeln darin nach Packungsanleitung garen. Abgießen, abtropfen lassen und zurück in den Topf geben. Die Sesamsaat unter die Nudeln mischen und die Gemüsemischung einrühren. Auf Servierschalen verteilen und sofort servieren.

GEMÜSECURRY MIT TOFU

Das Öl zum Frittieren in einen Wok, einen großen Topf oder eine Fritteuse füllen und auf 180 °C erhitzen (ein Brotwürfel bräunt darin in 30 Sekunden). Die Tofuwürfel in mehreren Portionen zugeben und 4–5 Minuten rundum braun und knusprig frittieren. Mit einem Schaumlöffel auf Küchenpapier heben und gut abtropfen lassen.

Das Öl in einem Wok oder einer Pfanne erhitzen. Zwiebeln, Knoblauch und Chili zufügen und 1–2 Minuten weich dünsten. Sellerie, Pilze, Maiskolben und Paprika einrühren und 3–4 Minuten braten, bis sie gar, aber noch bissfest sind.

Currypaste zugeben, kurz anbraten und mit der Kokosmilch ablöschen. Zucker, Sojasauce und Spinat zufügen und unter Rühren köcheln lassen, bis der Spinat zusammengefallen ist. Das Curry auf Servierschalen verteilen, den Tofu darübergeben und sofort servieren.

Für 4 Personen

Pflanzen- oder Erdnussöl, zum Frittieren

250 g schnittfester Tofu, abgetropft und in Würfel geschnitten

2 EL Pflanzen- oder Erdnussöl

2 Zwiebeln, gehackt

2 Knoblauchzehen, gehackt

1 frische rote Chili, entkernt und in Ringe geschnitten

3 Selleriestangen, diagonal in Scheiben geschnitten

250 g Champignons, in dicke Scheiben geschnitten

120 g Babymaiskolben, halbiert

1 rote Paprika, in Streifen geschnitten

3 EL rote Thai-Currypaste

400 ml Kokosmilch

1 TL Palmzucker oder brauner Zucker

2 EL helle Sojasauce

250 g Babyspinat

VEGETARISCHE CHILI-BURGER

Für 4–6 Personen

80 g Bulgur

Salz und Pfeffer

300 g Kidneybohnen aus der Dose, abgespült und abgetropft

300 g Cannellini-Bohnen aus der Dose, abgespült und abgetropft

1–2 frische Jalapeño-Chillies, entkernt und fein gehackt

2–3 Knoblauchzehen

6 Frühlingszwiebeln, grob gehackt

1 gelbe Paprika, gehäutet, entkernt und gehackt

1 EL frisch gehackter Koriander

120 g geriebener Gouda

2 EL Vollkornmehl

1–2 EL Sonnenblumenöl

1 große Tomate, in Scheiben geschnitten

Vollkorn-Burger-Brötchen, zum Servieren

Den Bulgur in ein Sieb geben und unter fließend kaltem Wasser abspülen. In einen Topf mit Salzwasser geben, aufkochen und 12 Minuten köcheln lassen, bis der Bulgur gar ist. Abgießen und abtropfen lassen.

Beide Bohnensorten, Chillies, Knoblauch, Frühlingszwiebeln, Paprika, Koriander und die Hälfte des Käses in den Mixer geben und fein hacken. Bulgur zufügen und alles mit Salz und Pfeffer abschmecken. Gut verrühren und aus der Mischung 4–6 Bratlinge formen. Auf einen Teller legen, abdecken und für 1 Stunde in den Kühlschrank stellen. Dann die Bratlinge im Mehl wenden.

Den Backofengrill vorheizen. Das Öl in einer großen Pfanne erhitzen und die Bratlinge darin von jeder Seite 5–6 Minuten anbraten.

Auf jeden Bratling 1–2 Tomatenscheiben geben und mit dem restlichen Käse bestreuen. Auf ein Backblech geben und 2–3 Minuten im Ofen grillen, bis der Käse zu schmelzen beginnt. In die Burger-Brötchen legen und servieren.

KÜRBIS MIT CHILI & LIMETTE

Für 4 Personen

2 EL Sonnenblumenöl

25 g Butter

½ TL Chilisauce

abgeriebene Schale von 1 Limette

2 TL Limettensaft

700 g Kürbisfleisch, in Spalten geschnitten, Kerne aufbewahrt

Den Holzkohlegrill anheizen oder den Backofen auf 190 °C vorheizen.

Sonnenblumenöl und Butter in einem großen Topf erhitzen. Chilisauce, Limettenschale und -saft einrühren. Kürbisspalten und -kerne zugeben, gut verrühren und kurz anbraten.

Die Kürbisspalten auf 4 große, doppelt gelegte Stücke Alufolie verteilen und den Garsud darübergießen. Die Alufolie fest über den Kürbisstücken verschließen.

Die Kürbispäckchen über starker Glut oder im Ofen etwa 15–25 Minuten grillen oder backen, bis das Kürbisfleisch weich ist. Auf Servierteller verteilen und die Päckchen erst am Tisch öffnen.

PASTA ALL'ARRABBIATA

Für 4 Personen

350 g Tortiglioni

Salz und Pfeffer

4 EL frisch gehackte glatte Petersilie

Pecorino-Späne, zum Garnieren

Sugo

75 ml Olivenöl

450 g Eiertomaten, in Würfel geschnitten

Salz und Pfeffer

150 ml trockener Weißwein

1 EL Tomatenpesto

2 frische rote Chillies

2 Knoblauchzehen, fein gehackt

Für den Sugo das Öl in einer Pfanne erhitzen und die Tomaten darin 2–3 Minuten unter Rühren anbraten. Die Hitze reduzieren und die Tomaten 20–30 Minuten köcheln lassen, bis sie ganz weich geworden sind. Mit Salz und Pfeffer abschmecken und den Sugo durch ein Haarsieb in einen Topf passieren.

Wein, Tomatenpesto, Chillies und Knoblauch zufügen und alles zum Kochen bringen. Die Hitze reduzieren und die Sauce so lange köcheln lassen, bis sie andickt.

Salzwasser in einem großen Topf zum Kochen bringen und die Nudeln darin 8–10 Minuten garen, bis sie al dente sind.

Die Chillies aus dem Sugo entfernen. (Falls Sie die Sauce schärfer mögen, können Sie die Chillies auch fein hacken und zurück in den Topf geben.) Die Sauce mit Salz und Pfeffer abschmecken und die Hälfte der Petersilie einrühren.

Die Nudeln abgießen, abtropfen lassen und in eine große vorgewärmte Servierschüssel geben. Die Sauce über die Nudeln gießen und vorsichtig vermengen. Mit der restlichen Petersilie bestreuen, mit den Pecorino-Spänen garnieren und sofort servieren.

CHILI-BROKKOLI-NUDELN

Für 4 Personen

Salz

250 g Penne oder andere Röhrennudeln

250 g Brokkoli, in Röschen zerteilt

50 ml natives Olivenöl extra

2 große Knoblauchzehen, gehackt

2 frische rote Chillies, entkernt und gehackt

8 Kirschtomaten, halbiert (nach Belieben)

frisch gehackte Basilikumblätter oder Petersilie, zum Garnieren

Salzwasser in einem großen Topf zum Kochen bringen und die Nudeln darin 8–10 Minuten garen, bis sie al dente sind. Abgießen, unter fließend kaltem Wasser abschrecken und gut abtropfen lassen. Beiseitestellen.

Erneut etwas Salzwasser in einem Topf zum Kochen bringen und die Brokkoliröschen darin 5 Minuten garen. Abgießen, unter fließend kaltem Wasser abschrecken und ebenfalls gut abtropfen lassen.

Das Olivenöl in einem Topf erhitzen. Knoblauch, Chillies und nach Belieben Tomaten zugeben und 1 Minute anbraten.

Den Brokkoli zufügen und 2 Minuten unter Rühren erwärmen. Die Nudeln vorsichtig unterrühren und 1 weitere Minute mitanbraten.

Das Gericht auf Servierschalen verteilen, mit Basilikum garnieren und sofort servieren.

CHILI-TOFU-TORTILLAS

Ergibt 8 Stück

½ TL Chilipulver

1 TL Paprikapulver

2 EL Mehl

Salz und Pfeffer

250 g schnittfester Tofu, in 1 cm große Würfel geschnitten

2 EL Pflanzenöl

1 Zwiebel, fein gehackt

1 Knoblauchzehe, zerdrückt

1 große rote Paprika, fein gehackt

1 große reife Avocado

1 EL Limettensaft

4 Tomaten, gehäutet, entkernt und fein gehackt

125 g Emmentaler, gerieben

8 weiche Tortillas

150 ml saure Sahne

eingelegte grüne Jalapeños, zum Servieren

Sauce

850 g fertiges Tomaten-Sugo

3 TL frisch gehackte Petersilie

3 EL frisch gehackter Koriander

Den Backofen auf 190 °C vorheizen. Chili-, Paprikapulver, Mehl, Salz und Pfeffer in einer Schüssel vermischen. Die Tofuwürfel zugeben und gut in der Gewürzmischung wenden.

Das Öl in einer Pfanne erhitzen und den Tofu darin 3–4 Minuten goldbraun anbraten. Mit einem Schaumlöffel aus der Pfanne heben und auf etwas Küchenpapier abtropfen lassen.

Zwiebel, Knoblauch und Paprika in die Pfanne geben und 2–3 Minuten weich dünsten. Auf einen Teller geben und beiseitestellen.

Die Avocado halbieren, schälen und den Kern entfernen. Die Avocado der Länge nach in Scheiben schneiden, in eine Schüssel geben und mit dem Limettensaft beträufeln, damit sie nicht braun anläuft.

Tofuwürfel, Zwiebelmischung, Tomaten und die Hälfte des Käses zur Avocado geben und verrühren. Jeweils ein Achtel der Mischung in die Mitte jeder Tortilla streichen und etwas saure Sahne darübergeben. Die Tortillas nun vorsichtig aufrollen.

Dann die Tortillas nebeneinander in eine flache Auflaufform legen.

Für die Sauce alle Zutaten in einer Schüssel verrühren und über die Tortillas gießen. Den restlichen Käse darüberstreuen und die Tortillas etwa 25 Minuten im Ofen backen, bis der Käse goldbraun ist. Mit den Jalapeños bestreuen und sofort servieren.

Register